好父母要给孩子什么

好孩子要好教育

健君 ◦ 编著

陕西师范大学出版社

图书在版编目(CIP)数据

好父母要给孩子什么/健君编著.—西安:陕西师范大学出版社,2008.4

ISBN 978-7-5613-4136-0

Ⅰ.好… Ⅱ.健… Ⅲ.儿童教育 Ⅳ.G61

中国版本图书馆 CIP 数据核字(2007)第 184386 号

图书代号:SK7N1219

好父母要给孩子什么

责任编辑: 周　宏

装帧设计: 文宏工作室

出版发行: 陕西师范大学出版社

(西安市陕西师大 120 信箱　邮编 710062)

印　　刷: 北京雷杰印刷有限公司

开　　本: 787×1092　1/16

字　　数: 180 千字

印　　张: 13.5

版　　次: 2008 年 4 月第 1 版

印　　次: 2008 年 4 月第 1 次印刷

ISBN 978-7-5613-4136-0

定　　价: 28.00 元

前　言

作为父母,您是否认为只要拼命的赚钱,孩子要什么就满足什么。您就是一个好父母了?

作为父母,您是否又认为自己这一生已经“完了”,所有的希望都无限寄托在孩子身上。仅仅因为您生育了他?

作为父母,您是否认为孩子的一切都是您的,只要学习好、功课好,一切都 OK 了?

作为父母,您是否有意无意向孩子灌输“金钱与权力”的无限作用。让孩子从小就学会了另眼看人……

今天尤其那些先富裕起来的父母们,愈感受到孩子是那么“难管”;好多父母甚至把孩子从小就寄宿在“贵族学校”里,让老师 24 小时陪着孩子……他以为他已经为孩子付出很多很多……

而有些物质条件不够富裕的父母,节衣缩食为小孩攒下多种参加培训班的费用,恨不得孩子 24 小时都成为学习的机器,希望有朝一日成为人中之龙凤……

这一切都是因为父母的良苦用心,都是因为父母渴望孩子成才。

作为父母,谁不愿意作好父母,那好父母应该给孩子什么?

好父母应该多给孩子时间,不要让工作占满每一分钟,不要以事业的名义,而放弃与孩子相处的时间。记住小孩的成长仅仅有钱是不够的。还需要您真正拿出您自己的时间与孩子共同学习,共同分享成长的快乐……

好父母应该给孩子自由,不要用“考试”来约束孩子;要让孩子用主动积极的学习代替被动强迫的学习;给孩子以自由与尊重，真正唤起孩子学习的成就感与自豪感……

好父母应该给孩子更多的生活常识，让孩子从小就懂得除了工作学习以外；人之谓人只有在生活中才能自立，在生活中才能懂得尊重爱戴长辈，只有在日常生活中孩子才会真正体谅到父母的辛苦不容易……

好父母要给孩子什么，正是本书作者在书里与父母探讨作为父母的教育细节与习惯的问题；分享作为好父母在与孩子共同成长中所拥有的开心与快乐。希望每位父母都能在与孩子成长的过程中，既能做好父母，又能体会到作为个体的成熟感与成长感。让身为父母这个角色使您的人生更加完美与丰富。

愿每一个家庭都和谐美满，可这不仅仅是由父母或孩子一方面来决定的。愿父母的脚步在时间的流逝中放慢一下，仔细聆听孩子发出的声音，再仔细一些去体会孩子真正的需要……

天下的孩子都是一样的，天下的父母不也亦然。

编 者

目 录

第 05 章 让孩子享受心灵自由，充满健康气息

第 06 章 让孩子有自己的兴趣、爱好，获得高尚的生活情趣

第 07 章 让孩子不断地感受、求知，以不断进步来要求自己

第 08 章 在孩子的亲身经历中及时教育，让他总是在思考、领悟和受到启发

第 09 章 关注孩子细小的变化，杜绝不良的苗头萌芽

第 14 章　帮助孩子在某个领域落地生根，有美好的未来

第 15 章　不断给孩子向上的信念和力量，让他成长为独立、能坚持的人

第01章

孩子早期的启蒙，是成长的第一缕阳光

某些教育应当从儿童在摇篮的时候开始。任何人只要注意到婴儿对四周事物的凝神注视，都该知道不管我们有没有这个打算，教育在那个很早的时期就已经开始了。

——(英)斯宾塞《教育论》

1

一个在全世界传播的故事

不是槌的打击，乃是水的载歌载舞，使鹅卵石臻于完美。

——(印)泰戈尔《飞鸟集》

1800年，德国哈勒附近的一个叫洛赫的村庄，出生了一个被认为是痴呆的婴儿，他的名字叫威特。威特的父亲卡尔·威特曾悲伤地叹息："我究竟有何罪孽，上帝给了我这样一个傻孩子？"威特的母亲也说："这样的孩子教育他也不会有什么出息，只是白费力气。"邻居们尽管在口头上都劝慰他们要"想开点"，但背地里也都认为威特是个白痴。

然而，卡尔·威特毕竟是个有惊人独特见解的人，他的信念是孩子必须从婴儿时期开始教育，孩子教育必须随着婴儿智力曙光的出现开始，若是这样，一般的孩子都能成为不平凡的人。他踏踏实实地按照自己的计划，对威特进行教育，结果这个被人嫌弃的傻孩子不久就让邻居都刮目相看了。经过早期教育，威特8–9岁时已能够自如地运用德、法、意、拉丁、英和希腊等6国语言，通晓动物学、植物学、物理学、化学和数学。9岁那年，他又获法学博士学位，14岁不到就被授予哲学博士学位，两年之后又获法学博士学位，被柏林大学聘为法学教授。在其一生的职业生涯中成绩显赫。

卡尔·威特对小威特进行早期教育的原则和方法都写在一本名为《卡尔·威特的教育》的书中，这也许是世界上早期教育的最早文献，可惜的是这本书在当时并没有被人们所重视，因为书中

所阐述的思想与当时人们的想法格格不入。

这个事例带给我们的启示就是，孩子早期对于一生来说是教育的黄金时期。**只要教育得当，包括那些天资并不好的孩子，都是可以有所作为的。**卡尔·威特在19世纪初对他儿子的教育证实了这一点，许多有才能的人的成长过程也证实了这一点。

2 当孩子咿呀学语时，就教他正确的语言

对语言美的敏感性，这是促使孩子精神世界高尚的一股巨大力量。这种敏感性，是人的文明的一个源泉所在。

——(苏)苏霍姆林斯基《帕夫雷什中学》

孩子2–3岁是语言能力突飞猛进的黄金时期，父母们千万别忽略了给小宝宝的语言环境，这也是帮助他们打开绚丽多彩的语言宝库的金钥匙。

学过英语的人大多知道由韦伯斯特编纂的《英语词典》，这是世界上最具有权威性的英语辞典之一。把韦伯斯特的成功归因于家庭成员对他的早期教育，这样说一点也不过分。

1785年，韦伯斯特出生在美国康涅狄格州的首府哈特福德市。韦伯斯特的父亲为刚降生的孩子制定了一个大胆的、富有想像力的教育计划，这项计划得到了家庭其他成员的支持与合作，并始终不渝地贯彻。根据老韦伯斯特的计划，在家庭中，父亲只操英语，母亲只讲法语，而祖父只用德语说话，其他语种绝对禁止使用。家里还特意雇佣了一名北欧人作保姆，规定她也只能用本国

语言说话。从小开始,父亲、母亲、祖父和保姆就用四种不同的语言与小韦伯斯特交流,他居然毫不费力地掌握了这四国语言。等到小韦伯斯特长大了,开始接触了左邻右舍,对每个人都只用英语说话大惑不解,因为他一直以为,世界上每个人都运用不同的语言在说话的。老韦伯斯特的教育计划终于在儿子身上开花结果了。韦伯斯特从耶鲁大学毕业后,十分顺利地从事了教师、记者、法律学家和语言家的工作,25 岁时,编撰出版了由缀字、语法和课文三部分组成的本国教科书,晚年终于完成了《英语辞典》的编纂。

一些家长在孩子呀呀学语时,往往出于逗孩子玩的目的教他说话,而到孩子二三岁时,错误地认为孩子大了自然就会说话而撒手不管,以致错过了孩子语言发展的关键期。因此,家长要注意有目的、有计划地培养和训练孩子的语言能力,不可拔苗助长,急于求成,也不可不闻不问。

家庭成员的语言水平、文化修养、父母对孩子教育的兴趣等等,都对孩子的语言能力发展有很大的影响。家庭成员如果说话粗俗、词汇贫乏,必然会从负面影响孩子。特别是和孩子接触最多的父母,一定要注意提高文化素养,注意语言美,使自己的每一句话都能成为孩子模仿的典型。家长与孩子说话时,要特别注意讲究说话的艺术,为孩子语言能力的发展提供条件。

据美国一项研究显示,父母与九个月至三岁的孩子多交谈,会使这些孩子日后变得更聪明。该项目的研究人员指出,在所有家庭中,家长在防止孩子们发生危险及麻烦方面付出的努力,是相似或相近的,但在与孩子耐心地交谈、细致地回答孩子提问及互相沟通方面,知识分子家庭与普通职工家庭有所不同。科研人员曾对 42 户家庭的儿童做过长达两年半的调查,发现白领家庭中家长比较健谈,与孩子谈话的频率,比一般蓝领家庭高两倍,比靠救济的家庭高 4 倍。这就是为什么在不同家庭成长的孩子上学以后,呈现出智商及学习成绩差别的重要原因之一。

父母要抽出更多的时间与孩子说话,对孩子是一个综合训练,会刺激孩子的听觉、视觉、感官的发展,对智力开发十分有益

3

孩子早期所受的影响是最有效、最持久的

我们生来是软弱的，所以我们需要力量；我们生来是一无所有的，所以需要帮助；我们生来是愚昧的，所以需要判断的能力。我们在出生的时候所没有的东西，我们在长大的时候所需要的东西，全都要由教育赐与我们。

——(法)卢梭《爱弥儿——论教育》

100 多年前，进化论的创始人达尔文的家中来了一位客人，她是专门来请教达尔文先生什么时候开始培养孩子最好。达尔文问客人："您的孩子多大了？"客人答道："才两岁半。"达尔文不无惋惜地说："夫人，您已经迟了，迟了两年半。"在孩子的一生中，早期的教育很重要。

显然，当今中国大多数婴儿在父母的怀抱中便丧失了生命最初几年开发潜能的黄金年华。有教育学者指出，这不仅对孩子本人、家庭，乃至国家和民族，都是对智力资源的极大浪费。

著名的早期教育专家蒙泰梭利在《吸收性的心智》一书中明确指出，生命中最重要的时期，并非大学念书的阶段，而是人生最早期，它是智力形成的最重要时期。而且，不仅是智力，还有其他的心智潜能……大量的科学研究表明：人类的智力发展是随着年龄的增长而呈递减规律的。人在来到这个世界的前几年是一个人智力发展最快和最佳的时期。

☞ **孔令辉**

我国著名运动员孔令辉至今还记得，还在他蹒跚学步时，父亲就经常有意识地带他到乒乓球训练房，让他感受运动，认知运动，接受熏陶，从小培养他的兴趣。由于整天和乒乓球打交道，小令辉也渐渐迷上了乒乓球。平时，看见别的运动员打球的优美动作，他就在旁边徒手模仿。孔令辉六岁时正式学打球，从此开始了他的运动生涯。孔祥智为了培养他从小敢拼强手的心理状态，还打破少年队员训练的常规，让他和大孩子一起训练、打比赛，然后总结得失。孔令辉是一个极富个性、勤于动脑、努力创新的运动员，这与早期父母的点拨有着密切的关系，使他从小就养成了一丝不苟的作风和随机应变的灵性。

☞ **加里·卡斯帕罗夫**

国际象棋大师加里·卡斯帕罗夫，在22岁时成为世界上最年轻的国际象棋冠军，是国际象棋史上的奇才。他能讲15国语言，是一位有造诣的数学家、计算机专家、纽约华尔街杂志的定期撰稿人。他7岁时父亲不幸去世，自此以后，他的母亲克拉拉成了他前进的指导力量。在他的自传《变化的童年》中，他把童年对象棋的兴趣归结于观看母亲下棋，是母亲鼓励他树立强烈的自我，这对他成为国际象棋世界级大师起了关键作用。他的朋友曾这样描述他的母亲："每一场比赛他的母亲总要到场，在隐蔽的地方，因为她是他的侍从副官、他的参谋长。他依赖她的出现，他需要知道她在哪里。"

在我国古代家教理论中，颜之推比较系统地提出了早期教育的主张。他认为，早期教育对子女的成长具有极其重要的意义。他说："人生幼小，精神专利，长成以后，思虑散逸，固须早教，勿失机也。"意思是说，孩子小时候，思想单纯，精神专一，感觉敏锐，容易教育。长大以后，思想复杂，感受迟钝，就难以教育。应该抓紧进行早期教育，不可坐失大好的教育时机。这种理论符合儿童心理发展的规律。

抓紧早期教育和训练，有利于儿童形成良好的习惯。颜之推还认为："人在年少，神情未定。"有很强的可塑性。他引用孔子的

话说："少成若天性，习惯如自然。"他认为早期教育和训练养成的习惯，就像与生俱来的那样稳固。他指出，不抓紧早期教育，"骄慢已习，方复制止，捶挞至死而无威，忿怒日隆而增怨，逮于成长，终成败德。"是说等到儿童已经养成恶习，再去纠正，就是打死他也没有用，还会加深孩子的逆反心理，一辈子都难以改正，最终成为无德无用之人。

4
孩子各不一样，教育要因人而异

应当考虑到儿童天性的差异，并且促进独特的发展。不能也不应使一切人都成为一模一样的人，并教以一模一样的东西。

——(德)第斯多惠《德国教师教育指南》

西晋时，左思的父亲左熹一心想让儿子学书法，不惜重金聘请名家指导。可左思不感兴趣，学无所成。左熹又让儿子学琴，结果学了很长时间竟弹不出一支像样的曲子。这时左熹从失败中懂得了尊重孩子特点的重要性，根据儿子性格内向、记忆力好，对文学有特殊偏好的特点，因材施教，让儿子学赋诗。左思如鱼得水，进步神速，不出几年，写得一手漂亮文章，最终成为西晋著名的文学家。

我国古代就有因材施教的教学思想。孔子对自己的学生就很了解，他能够说出学生的性格特点和智力水平，并且针对不同的特点，用不同的方法进行教育，把学生培养成各种不同的人才。宋代朱熹在《论语》的注解中指出："孔子教人，各因其材。"这就是"因材施教"一词的来源。事实证明，"因材施教"在教育中是行之有效的。

☞ 陈耀宾

澳大利亚墨尔本市的华裔神童陈耀宾，年仅17岁已经开始在墨尔本大学攻读数学和统计力学博士学位。据星岛日报澳洲版报道，陈耀宾2岁起开始阅读简单书本，12岁时已经通过相等于维多利亚省高考程度的考试。比起同龄人提早两年攻读第一个大学学位。与弟弟相比，现年19岁的姐姐陈仪舜亦当仁不让。她13岁开始攻读第一个学位，专攻数学。

令人惊叹的是，陈耀宾和他的姐姐自小是在家中由母亲及父亲亲自教育成才。陈母认为，两姐弟并非天资过人，关键是因材施教，令他们的潜能得到充分发挥。她认为教育成功的关键是扬长避短，令孩子对学习产生兴趣，并且充满信心。她表示当初让一对子女离开学校，只是暂时的打算，希望让他们轻松一下。但是几年之后发觉两姐弟已经无需重返校园。

☞ 宋氏三姐妹

宋嘉树夫妇共养育了六个子女。他们的三个女儿——宋霭龄、宋庆龄、宋美龄，在中国近代史上具有特殊的地位。宋嘉树追随孙中山先生革命，首先在自己的家庭中开辟了一块没有封建主义的乐园，使三个女儿有幸在民主、平等、先进的生活环境中健康成长。

宋霭龄极富音乐和表演方面的才华，宋氏夫妇便努力做大女儿表演的最佳“搭档”。在傍晚时分，常常是由宋夫人熟练而凝神地弹奏钢琴，几个兄弟姐妹围在一起，听宋嘉树和大女儿的男女生二重唱，静听着父亲那纯美洪亮的嗓音随着琴声唱出的美国南方民歌。

宋庆龄生性稳重、腼腆，和姐妹兄弟们在一起时，她总是最文静的一个。宋嘉树营造的生活环境和气氛也使小庆龄于天性之外受到补益。在假期里，三姐妹和小兄弟们在院子里玩耍，爬过院墙到别人的田地里嬉戏；他们到田野里奔跑，采集花草，捕捉虫鸟，无拘无束地尽情欢笑。有一次，姐妹兄弟玩“拉黄包车”的游戏，宋霭龄装作黄包车夫，宋庆龄扮成乘客，小妹小弟跟在身后又蹦又跳。正玩得开心时，不料“车夫”拉车用力过猛，双手失去控制，一下把“乘客”抛了出去。“车夫”愣在那里傻了眼，知道自己闯了祸；

“乘客”又疼痛又委屈，满脸不高兴。这件事被宋嘉树知道了，他慈爱地对宋霭龄说：“做游戏也要有分寸，‘黄包车夫’可不光是使力气呀！伤了乘客还怎么拉生意呢？”小霭龄不好意思地笑了。宋嘉树又笑着对宋庆龄说：“我们的‘乘客’这样宽宏大量，这样勇敢坚强，真是了不起！”小庆龄受到父亲的夸赞和鼓励，一脸的阴云散去了。长大以后，庆龄真的成为一位既富有爱心和宽容，又面对邪恶势力敢于斗争的伟大女性！

每个孩子都有着不同于他人的特点和能力，理想的教育应能引导这种特点和能力向积极的方向发展。**真正能够做到因人而异、因材施教的教育，要充分考虑孩子的个性及能力的差异，**准确地为每个孩子量身定做最适合的教育方式方法，使孩子从一个完全与其能力相符合的起点开始，进行有计划、循序渐进的学习，成长。

5

孩子的幸运在于生命之初得到了父母全天候的爱和指导

最好在心灵还很清新，没有养成把精力分散到形形式式的事务上面的习惯以前，就使它去专心探求智慧；教育开始得愈迟，它便愈难得到支持，因为那时心灵已经被别的事情占住了。

——(捷)夸美纽斯《大教学论》

爱迪生于1847年2月11日诞生于美国中西部的俄亥俄州的米兰小市镇。父亲是荷兰人的后裔，母亲曾当过小学教师，是苏格兰人的后裔。爱迪生7岁时，父亲经营屋瓦生意亏本，将全家搬到密歇根州休伦北郊的格拉蒂奥特堡定居下来。搬到这里不久，爱迪生就患了猩红热，病了很长时间，人们认为这种疾病是造成他耳聋的原因。

南希结婚后，前后生过7个孩子。爱迪生是排行第七，也是他母亲所生的最后一个儿子。按照祖先长者的名字，爱迪生取名为托马斯，由于他父亲与阿尔瓦布雷德利船长私交甚好，便又借了这位船长的名叫阿尔瓦。爱迪生的全名叫托马斯·阿尔瓦·爱迪生。周围的人都叫他阿尔瓦，他的母亲喜欢叫他阿尔。

爱迪生8岁上学，但仅仅读了三个月的书，就被老师斥为"低能儿"而撵出校门。回到家里时，母亲这样问他说："先生说你是劣等生，你以为羞耻吗？"爱迪生对母亲的问话回答说："不以为羞耻，但觉得悔恨。"他接着又说："可是我要知道的事，先生一点也不教我，我不要知道的事，偏偏又教起我来。"母亲接过他的话说："是呀！先生说你是低能儿，但母亲不以为然。你明天起，不要到学校里去了。母亲今天在先生面前已发过誓了：学校里当你低能儿，无法教育，我总得在家里好好地教育你。阿尔，我今天也应该和你立一个誓。母亲已立了决心，无论如何要使你成为世界上第一等人物，你能不能发这个誓呢？"阿尔说："母亲，我愿意发这个誓，我定要做番大事业，使现在说我低能儿的先生听了寒心。"

阿尔点点头，眼中充满了泪水，母亲紧紧地抱住阿尔，母子两人脸上都闪烁着泪光。

从那以后，他的母亲成了他的"家庭教师"，南希是一位伟大的母亲，她没有因为儿子被撵回来而责怪他，相反，她决定自己把孩子教育好。

当她发现爱迪生好奇心重、对物理、化学特别感兴趣时，就给他买了有关物理、化学实验的书。爱迪生照着书本，独自做起实验来。可以说，这就是爱迪生搞科学发明的启蒙教育。

爱迪生在母亲的亲自指导下如饥似渴地汲取着人类的智慧。8岁时，他读了英国文艺复兴时期最重要的剧作家莎士比亚、狄更斯的剧作和许多重要的历史书籍，到9岁时，他能迅速读懂难度较大的书，如帕克的《自然与实验哲学》。这本书有好几百页，书中

内容从蒸汽机到氢气球。关于那个时代的科学的知识,差不多都已包含在内,是中学毕业生也觉得难念的一本书。送给他这本书就好像向他打开了一个崭新的世界。爱迪生如饥似渴,认真读完了这本名著。后来,爱迪生曾回忆说:“《自然读本》是我第一次读到的科学书籍,那时我还不到10岁。”10岁时酷爱化学。11岁那年,他实验了他的第一份电报。为了赚钱购买化学药品和设备,他开始了工作。12岁的时候,他获得列车上售报的工作,辗转于休伦港和密歇根州的底特律之间。他一边卖报,一边兼做水果、蔬菜生意,只要有空他就到图书馆看书。他买了一架旧印刷机,开始出版自己的周刊——《先驱报》,第一期周刊就是在列车上印刷的。他用所挣得的钱在行李车上建立了一个化学实验室。不幸有一次化学药品着火,他连同他的设备全被扔出车外。另外有一次,当爱迪生正力图登上一列货运列车时,一个列车员抓住他的两只耳朵助他上车。这一行动导致了爱迪生成为终身聋子。

爱迪生的母亲具有高超的教育才能,她把家庭教育办得生动活泼。春天,树木抽出嫩枝时,她和儿子坐在屋门前,边晒太阳边上课。夏天,密密麻麻的星星,庭院里一片葱绿,她和儿子来到高高的瞭望塔上,一面纳凉儿,一面读书。到入了秋,爱迪生又念上了《鲁滨逊飘流记》、《悲惨世界》这一类古典文学作品。冬天,天寒夜里,她又与儿子在一起围火授课。她讲地理,如同把爱迪生带到世界各地周游,穿洋过海,登山探险;她讲英文,又非常注意打下良好的基础。特别是她教文学,使爱迪生对雨果爱慕不已。以至朋友们都管他叫维克多·雨果·爱迪生。在这些教育中,爱迪生深深地感到读书的重要,他说:“读书对于智慧,也像体操对于身体一样。”他也认为,母亲是真正理解他的人,后来,爱迪生说:“我在早年发现了慈母是如何有益的。当学校教员叫我笨蛋时,她来到学校为我极力辩护,就从那时,我决定要给她争脸面,不辜负她对我的盼望。她实在是真正理解我的人。”

当父母的都自以为很爱孩子。**有关专家认为,很多时候,我们常常在以爱的名义对待孩子的同时,已不知不觉地步入爱的误**

区，并伤害了孩子幼小的心灵。

“如果你听妈妈的话，我就给你买最喜欢的玩具，不然，我就不要你了。”生活中不少父母常常会用这种方式和孩子说话，并已习以为常。孩子学会了舞蹈，“你的英语还不行！”孩子考了99分，“怎么没得100呢？”……这些父母认为，自己尽其所能，不断对孩子提出更高的要求，无非是让孩子有个锦绣前程。这种让孩子通过努力奋斗都难以满足的父母期望，实质上是施“爱”者缺乏对自己负责的精神。有的父母告诉孩子：“我们都是为你活着，你可不能让我们伤心、失望，不然就等于杀了我们。”他们将对孩子的精神依赖，误认为是对孩子的爱。有些可能对孩子这么说：“爸妈养你有多不容易，你可不能辜负我们，将来可要记着报答我们！”这些父母整天对孩子唠叨自己为孩子“牺牲”了什么，把对孩子的爱和养育作为一种投资，期待高利率的回报。

生育孩子是父母的选择，养育孩子是父母应尽的职责。为了子女而放弃一些，也是父母的自由取舍。父母把自己对生活应负的责任，轻而易举地转嫁于孩子，会使孩子在这种本不该由他来承担的重压下，造成身心方面的问题。

家长爱孩子的正确做法是，给予孩子无条件的爱。也就是说，家长爱自己的孩子，是无条件的，无代价的，你爱他的理由只因为他是你的孩子。也就是说，不论孩子的行为是否令你满意，无论孩子考试成绩好坏，这都不影响你对他的爱。这样孩子相信父母爱自己是无条件的，无私的，他会珍视父母的爱，同时他会强烈感觉到自己被父母爱着，因而觉得自己是有价值的，值得别人爱的。他不用担心因自己的失败而承受父母的白眼，他会感到自己有一个大后方，这样孩子向人生挑战的勇气会大增。

只有正确地理解爱，才会有真诚地爱，才能乐于去爱。我们做充满爱心的父母，这是因为我们愿意这样去做。也只有在真诚地爱的滋润下，孩子才可能具有美好的心灵和健康的体魄。

第02章

生命在于运动，体育是对人精神的陶冶

教育之宗旨何在，在使人为完全之人物而已。何谓完全之人物？谓人之能力无不发达且调和是也。人之能力分为内外二者：一曰身体之能力，一曰精神之能力。发达其身体而萎缩其精神，或发达其精神而罢敝其身体，皆非所谓完全者也。完全之人物，精神与身体必不可不为调和之发达。

——(中)王国维《论教育之宗旨》

6
体育的意义不仅是锻炼身体

儿童的精神生活、世界观、智力发展、知识的巩固性、对自己力量的信心，都取决于他的生命的活力和精力充沛的程度。

——（苏）苏霍姆林斯基《给教师的建议》（下卷）

每个家长都希望孩子应当是充满生命活力的个体，从他的出生开始，体育便不可缺少。

可是调查发现，现在孩子运动量下降是体质欠佳的一个主要原因。专家提醒，这一代青少年独生子女比较多，又往往娇生惯养，缺少奋斗精神，年纪轻轻便暮气沉沉。应当警惕：对于他们来说，养成良好的运动习惯很重要。

新生儿出生后就具备了较强的运动能力，如果让他俯卧，他会慢慢地抬起头转向一侧，这时用手掌抵住他的脚，他还会做出爬行的样子。如果双手扶着新生儿的腋下让他站直，他的双脚会自动做踏步动作。后天的体育锻炼是他运动能力的进一步发展。

对参加学习的孩子来说，体育运动不仅仅局限于强身健体单一的功能，而且有多元的功能。

体育能促进大脑高效率工作，提高学习效率。一些家长对孩子参加适当的体育活动存在着一些错误认识，他们认为在家中家长的任务就是督促孩子学习、做题，却忽略了人脑的机能和特点。

孩子学习的时候，听觉中枢、视觉中枢、思维中枢处于高度兴奋状态。时间一长，兴奋的神经细胞逐渐疲劳，人就会出现疲劳

感，注意力不集中，学习效率也随之下降。

家长应督促孩子积极参加体育锻炼，清晨起来陪孩子跑跑步，跳跳绳，打打拳；晚上孩子学习累了，提醒孩子放松一下，做做仰卧起坐，俯卧撑，散散步。有条件的家庭，还可购置小型多用健身器材进行锻炼。这样不仅可以使孩子的学习中枢得到积极性休息，而且也促进了人体新陈代谢，使血液循环加快，供给大脑的氧气和营养物质增多，改善大脑的工作条件，使大脑更加高效率地工作。

体育锻炼不仅有强身健体的功效，而且由于它既要克服各种各样的内部障碍，又要克服各种各样的外部障碍，因而还能促进孩子形成良好的意志品质。社会的竞争，决不仅仅是知识和智能的较量，更多的是意志和毅力的较量，没坚强的意志，是不可能在激烈的竞争中获胜的。

在日本有一所阳光学校，经常组织各种体育活动。他们冬练三九、夏练三伏，最后发给儿童赤身裸体在野外跑步成功的奖章以资鼓励。这就是在锻炼吃苦耐劳、承受挫折能力中，培养他们良好的意志品质。

在一些发达国家，家长普遍重视从小培养孩子良好的意志品质，因而他们很注重孩子的体育锻炼，通过野营、露宿、徒步旅行等手段来培养孩子的坚强意志。

家长让孩子参与体育锻炼，有利于孩子养成勇敢、顽强等意志品质，会使孩子成为经得起风吹雨打的意志坚强的人。

孩子积极参加体育锻炼，能丰富孩子的课余生活。如：快快跳、老鹰捉小鸡、跳绳接力等。孩子和家长一起锻炼，如晨练、跑步、做操、打羽毛球等，节假日的外出交流、旅行、放风筝等活动，可以使孩子朝气蓬勃，精神愉快，情感健康。

清华大学党委书记陈希说过这样一句话：“体育是教育的载体。”这话让人耳目一新。体育运动还是彻悟人生的一把钥匙。因为体育能把人生中千变万化的现象，抽象成最简单的规则。不管你学什么专业，将来做什么工作，你都得和人相处、竞争，总会遇到成功与失败、领先与落后。在这些竞争中如何自处，体育会告诉你。

历史上，那些对社会有重大影响的人物常常也是热衷于体育的：

☞ **毛泽东**

青年时代的毛泽东深刻地意识到必须"文明其精神，野蛮其体魄"，方能刚毅有为。有人把体育活动看作是消遣、休闲，有人把体育活动看作是玩耍、游戏，可是毛泽东却与此不同，他更注意把体育活动作为磨砺吃苦本领和锻炼坚强意志的手段，倡导一种"自找苦吃"、艰苦磨练的体育观。

毛泽东一生热爱体育活动。他认为，只有具备了强健的体魄，才可能有知识上、道德上的追求，才谈得上实现自己的宏伟志向。早年，他一方面如饥似渴地学习文化科学知识，另一方面积极锻炼身体，把强健体魄、勇气、意志上升为人格重塑的首要前提。他在学校自编了27节《六段运动》，持之以恒地进行锻炼，并进行游泳、爬山、跑步等活动。他特别重视冷水浴，以锻炼"猛烈与不畏"的精神。

1936年，毛泽东对美国记者斯诺回忆起自己青年时期体育锻炼的情形时说："暑假里，我们就脱掉衬衫让雨淋，说这是雨浴。烈日当空，我们脱掉衬衫，说是日光浴。春风吹来的时候我们大声叫喊，说这是一种叫做'风浴'的新体育项目。在已经下霜的日子里，我们露天睡觉，甚至于到11月份，我们还在寒冷的河水里游泳。这一切都是在锻炼身体的名义下进行的，这对于增强我的体质也许很有帮助，我后来在中国南方的多次往返行军，以及从江西到西北的长征路上，特别需要这样的体质。"正是通过这些吃苦的"体育项目"的千锤百炼，毛泽东为在以后的战争环境中战胜无数艰难险阻，为一生从事艰苦繁重的革命工作，打下了坚实的体魄基础。

全国解放后，毛泽东的体育锻炼热情丝毫不减当年，特别对在大江大海中游泳兴趣更高。他先在北戴河、邕江和十三陵水库游泳，后在黄石、安庆、九江、武汉等地的长江中游泳。有人统计，他曾17次横游长江，最后一次已达73岁高龄，历时一个多小时，令人钦佩不已。他曾对陪游人员讲："长江又宽、又深，是游泳的好地方"，"长江水深流急，可以锻炼身体，可以锻炼意志"。晚年的毛泽东，腿脚不方便，起坐都非常困难，还以惊人的毅力拄着拐棍，坚持锻炼。其意志何等坚强！

☞ **布莱尔**

英国首相布莱尔一直是一名活跃的“体育健将”。中学时代，他是非常出色的校橄榄球队队员，还当过校板球队队长，以后又对篮球和网球颇感兴趣。当上首相后，虽然工作繁忙，但布莱尔仍然定期游泳、打网球。平时，一到周末，布莱尔夫妇就会带着四个孩子到伦敦郊外的一座古堡，呼吸乡野的清新空气。很多时候，布莱尔一家还要在这里同保镖们拉开架势，来一场别开生面的“家庭足球大赛”。如此注重锻炼，难怪布莱尔自豪地表示，他现在的身材跟大学刚毕业时一样标准。

☞ **普京**

俄罗斯总统普京的健身办法非常与众不同，他的最爱是柔道。普京从11岁开始学习摔跤，后来又对柔道产生了浓厚兴趣，曾多次获得圣彼得堡市柔道冠军。普京说：“当我和别人练习柔道时，感觉好像是和自己的亲人在一起。”访问日本时，他还特意和日本的柔道高手切磋了技艺。2000年，普京还与人合作出版了一本书，书名为《柔道：历史理论与实践》。普京在日常生活中也相当注重锻炼和健身。据他本人透露，每天早上起床后，他都要做30分钟的体操，然后游泳20分钟，晚上下班后也会设法抽出一个半小时健身。同时，普京还热衷于滑雪运动，并且水平挺高。

☞ **卡斯特罗**

古巴领导人卡斯特罗也是一个体育迷，喜欢很多种体育运动，不过，最让他着迷的是篮球。大学时代，他不但白天不停地练习投篮，还努力说服学校管理人员晚上打开篮球场的灯，专门让他一个人练。后来，卡斯特罗成了一国之尊，仍然不改对篮球的“痴情”，还经常即兴冲进在街上玩篮球的孩子们中间，开心地露上一手。卡斯特罗年轻时还酷爱棒球运动，同时又是一个钓鱼迷，曾创下不到4小时钓鱼184公斤的纪录。他还不时戴上氧气面罩，潜到18米深的海底来一番锻炼。

☞ 布什

美国总统布什也是体育爱好者。只要情况允许，布什一般都要在健身房利用健身器材、跑步机等进行锻炼，他进行的重量训练包括坐姿推举、扩胸与扩背运动。布什对跑步的热爱可谓少见，哪怕只有一点点空闲时间，他也要用在跑步上。美国媒体形容说，布什简直是走到哪里就跑到哪里，白宫顶楼的健身房里、美国最豪华宾馆的总统套房内以及戴维营的林间小道上，都有他跑步健身的影子。另外，布什对骑车兴致也很浓，几乎每周都要专门进行骑车运动。不过，他不够小心，曾经不止一次从山地车上不慎跌下，成为媒体热门报道的话题。

☞ 施罗德

德国前总理施罗德身材不算高，体重可不比那些身材富态者逊色。但事实上，施罗德也很喜欢运动，他对打网球情有独钟，经常抽空打打。除此之外，他还会找时间看看电视转播的足球赛。据悉，年轻时，施罗德也曾在绿茵场上显过身手。平时，他喜欢听流行音乐，看现代艺术展，还常常读书。休闲的时候，他经常去海边度假。

☞ 约翰·霍华德

约翰·霍华德被誉为澳大利亚政坛罕见的“常青树”。自从1974年先后当选新南威尔士州自由党议员和联邦众议员后，霍华德在政坛角逐近30年仍屹立不倒。值得一提的是，霍华德的身体状况一直相当不错，每天必定坚持散步。即使过生日和周末，霍华德也依然和往常一样，早晨7时30分左右就穿着喜欢的“袋鼠”牌运动套装，从他的住所出发，沿着海边散步35分钟。

《奥林匹克宪章》说：“奥林匹克主义是增强体质、意志和精神，并使之全面发展的一种生活哲学。”体育运动是造就全面发展的个人的重要手段。体育运动具有坚忍不拔、锲而不舍、顽强拼搏的本质特征，这是人类自强不息、发达昌盛不可缺少的品质。

现代社会需要的是体魄强健、知识全面、情感健康、意志坚强的一代新人。为了孩子的今天和明天，希望家长应认识到孩子参加体育锻炼重要性。

7

孩子的“体育”令人忧

我希望大家把儿童健康当作幼稚园里面第一重要的事情，幼稚园教师应当做健康之神。

——(中)陶行知《陶行知文集》

常有孩子说:体育成绩不好的话，爸爸妈妈根本不会批评，如果文化课差，家长就会对自己说:“少玩点儿，多学习。”在很多家长和孩子的眼里，体育似乎是一门可有可无、无足轻重的，这要引起我们的深思。

在国内，有记者走访了某城市几个晨练点，发现在这些晨练队伍中几乎全是老年人。那么年轻人及本该活泼好动的孩子哪里去了呢？几乎所有的老人都告诉记者，家里的孩子没有跟他们一块儿锻炼的习惯，因为功课太忙，晚上睡得晚，早晨6点钟就得爬起来，草草吃完饭，急忙背上书包直奔学校，根本没有时间出来健身。

根据中国人口协会提供的资料，从1979年开始的全国青少年体质调查中，我国青少年的身高、体重、胸围等形态标准不断提高，原来的“豆芽菜”体型得到改善。可是，青少年们的身体素质却明显下降，尤其是耐力素质和柔韧性素质下降幅度最为明显。肥胖儿增多，肺活量、肺功能下降，身体素质全面下降。这些都是因为平时没有注意锻炼的结果。

在一些中小学校，体育课在学生眼里就是室外活动课，只要在毕业时能达标就可以了。一些运动少的孩子会不善于表达，有的学生居然两三天不出一次门，90%以上的时间都是闷在家里。但专家介绍，缺少运动不但会影响孩子的身体健康，甚至会影响到他们的心理健康和人际交往能力。

现在的家长都很注意提高孩子的素质，业余的家教，最热门的恐怕就是数学奥赛和英语，每逢双休日，是孩子们充电的好日子，而很少听说给孩子补体育的。

有的家长的体育意识淡薄，给孩子体育锻炼的机会不多。目前在城市，孩子上学时间较早，由于交通拥挤，担心孩子路上安全，很多家长都会来校接送孩子，这样，孩子很少独立行走，加之午饭又在学校用餐，晚上又被接回去，孩子除了体育课上的运动、课间活动外，坐着的时间比较多，容易引起情绪低落，注意力下降。

很多家长认为现在只有一个孩子，对孩子万般疼爱，关爱有加。于是，尽量避免孩子四肢劳累之事，这样就错失了孩子体育锻炼的机会。父母外出活动，一般都会将孩子关在家中，孩子除了在家里看书、看电视、打电脑、玩游戏外，很少有自觉进行体育锻炼的，听说有的孩子住的楼层较高，就连走楼梯，也会由父母背着孩子上去。

开明的家长在鼓励孩子从事体育运动时，其目的也不过是锻炼，以求取得更好的成绩。体育从来就不是目的，更没有人把体育视为一种精神磨练。所以我们的家长在孩子补习功课的同时，是否也问问自己：**要给孩子补体育吗？万一孩子的身体差了，成绩再好，能去干什么呢？会成为对祖国和对人民有用的人才吗？**

8

推崇“强健之风”

良好的健康和充沛旺盛的精力，这是朝气蓬勃感知世界、焕发乐观精神、产生战胜一切艰难险阻的意志的一个极重要的源泉。

——(苏)苏霍姆林斯基《帕夫雷什中学》

中国传统推崇的读书人,是“文弱”、“斯文”的。读书人的“文弱之风”是正面的形象。有的家长向我夸耀自己的儿子时,是用“吹弹可破”来形容孩子的“奶油”和“白嫩”的。面对现代社会的挑战,我们能不能让我们的“白面书生”们也强健起来呢?

在美国,凡是有孩子的家庭,几乎家家在星期六、星期日都安排得“满满当当”的。一位博士有4个孩子。她的几个孩子都是从3岁开始就参加体操训练。那么小的年龄,当然也学不到什么,无非是学学翻个筋斗,举举手,弯弯腰什么的。有时干脆就让孩子在大蹦床上一个劲儿地跳,但阿莱希欧博士从没让孩子缺席过。当孩子长到四五岁时,足球训练又开始了。在这个年龄段,在不同的季节,还有垒球、游泳、篮球。一年四季,春、夏、秋、冬,每一个运动季节,每个孩子都一定参加一项,或两项运动。

美国人普遍认为,孩子参与锻炼越早,“体商”的提高往往也越快。因此,美国孩子一出生便开始了“锻炼”。在美国还有一句口号:为了孩子能爱好锻炼,你自己也必须爱好锻炼。

在春、夏、秋季,出生仅2周的婴儿会被抱到户外,在树荫或柔和的阳光下享受日光或空气浴,每次约15分钟,每日1~2次,并随着孩子的成长逐渐增加次数、延长时间,其间妈妈还会轻柔地摇动孩子的小手、手臂、肩膀和腿。这类户外活动让孩子有机会接触到大自然,有机会享受到新鲜空气、阳光等自然因素的刺激,从而促进孩子身心两方面的健康发育。

美国家长给予孩子自行选择参与哪种游戏或运动项目的权利,不包办,不强迫,尤其不勉强孩子参与家长喜爱或选择的项目。

体育运动往往是群体活动,因而培养孩子的"合群"性格与培养他的体商有着有机的联系。美国家长会特别鼓励孩子结交更多爱运动、体能好的小伙伴,以便在后者的带动下提高其参与锻炼的主动性和积极性。

一些孩子并非天生不爱运动,只是因肥胖、手脚笨拙、反应迟钝或身材过于矮小等原因而导致强烈的自卑心理。对此,美国家长会及时开导孩子,让他们明白"重在参与"的道理,不必过分看重运动表现或运动成绩。对一些手脚还不太灵活、体能还远远不够充沛、运动水平也无疑很低的小不点,只要动起来便是好样的。

大多数美国人的家庭重视孩子的体育爱好和发展,并不以培养运动明星为目的。对孩子的体育运动的培育,反映了美国社会的一种普遍的价值取向心态:人们崇尚强健的体魄,以强健为美。

美国家长还支持孩子经常变换锻炼项目以增强其运动兴趣。他们明白:**最重要的是帮助孩子发现锻炼的乐趣,养成爱运动的习惯,并由此而受惠终生。**

由于对"强健之风"的推崇,使体育运动在美国现代生活中具有特殊地位。身体的强健,带来了自信和自尊。与国内的同龄人相比,美国孩子并没有把学习成绩放在惟一的,或第一的评价位置上。在他们的评价标准里,一个人的自主精神、自强自尊、意志品质、奋斗面貌、竞争态度等等,都占有极其重要的位置。

几千年的世界历史证明, 身体强健的民族总是生机勃勃,富于进取的:秦人尚武,建立中国的第一个统一的王朝;汉人尚武,让西域各国知道:犯我强汉,虽远必诛……尚武并不是只限于格

斗，而是它那种坚韧不拔，永不言败的精神。

维新变法的发起人梁启超就曾慷慨陈词："中国最需采补的西方精华乃是尚武！"1917年，毛泽东在《新青年》杂志发表了《体育之研究》一文，明确地指出："国力苶弱，武风不振，民族之体质，日趋轻细，此甚可忧之现象也。"他认为体育的作用在于能"强筋骨"、"增知识"、"调感情"、"强意志"，展示了毛泽东早期"健身强国"的思想。

作为一个中国人，先要去掉羸弱的身体、萎靡的精神，才能立身于世。大一点说，民族要复兴，光靠提倡科学的进步和物质的繁荣是远远不够的，更为重要的是要让整个民族有一种积极向上的精神力量。要推崇"强健之风"，找回"尚武"精神，人人强壮体魄，才能培养坚韧不拔的意志、威武不屈的气概、开拓进取的精神！

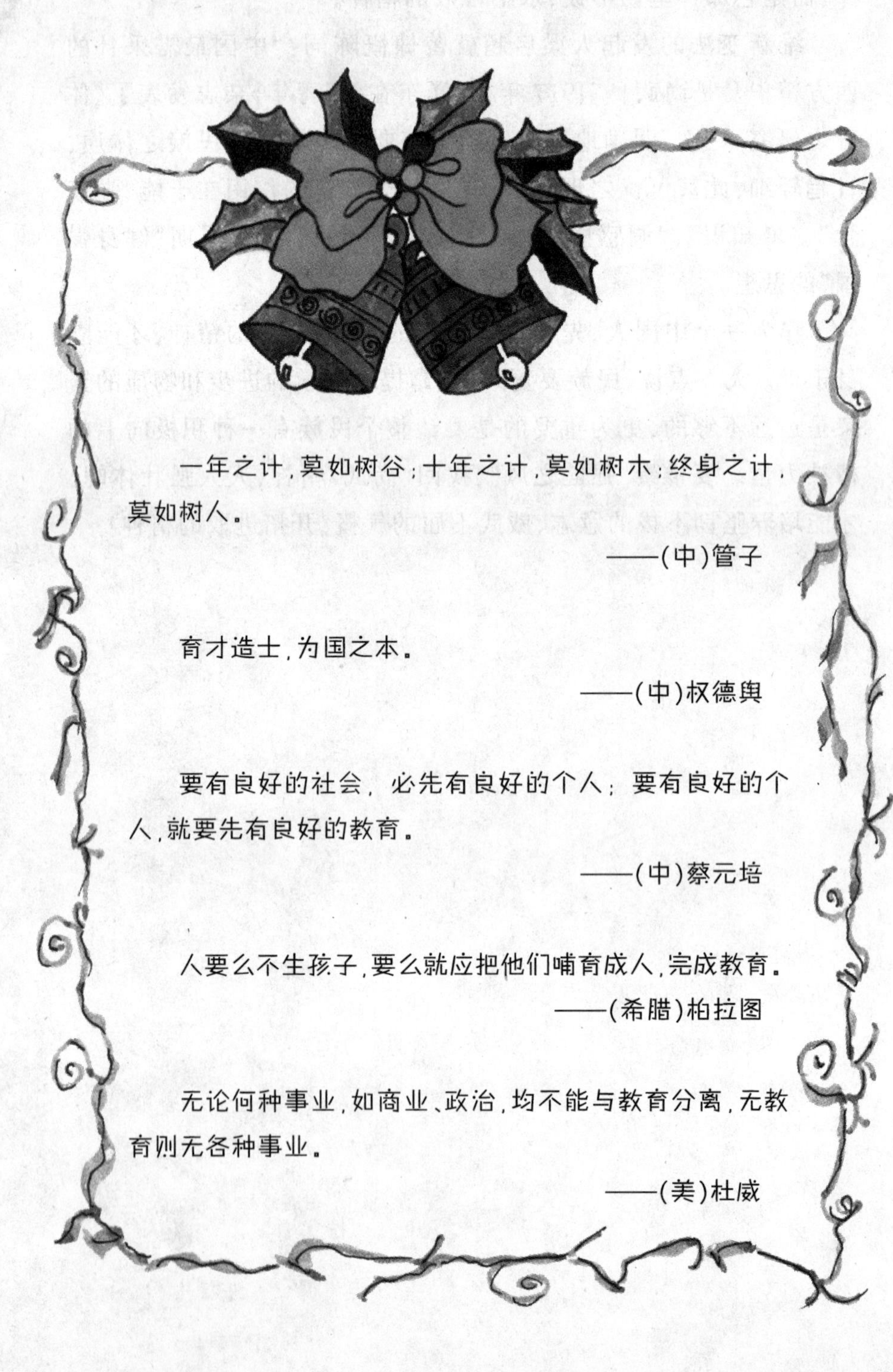

一年之计，莫如树谷；十年之计，莫如树木；终身之计，莫如树人。

——(中)管子

育才造士，为国之本。

——(中)权德舆

要有良好的社会，必先有良好的个人；要有良好的个人，就要先有良好的教育。

——(中)蔡元培

人要么不生孩子，要么就应把他们哺育成人，完成教育。

——(希腊)柏拉图

无论何种事业，如商业、政治，均不能与教育分离，无教育则无各种事业。

——(美)杜威

第03章

生命需要自然、纯粹的欢愉，孩子应当总是快乐的

有损于人类尊严的各种处罚施之于儿童，会压制儿童精神上可贵的自由、自重，也会使得儿童的心灵为自卑、恐惧、隐瞒和狡猾的肮脏之感所腐蚀，在这种饲养的情况下，教育是徒劳无益的。

——(俄)别林斯基《新年的礼物》

9

鸟儿有天空，鱼儿有大海，孩子应当有没有樊篱的乐园

儿童在跟前的时候，应使他们感到舒适自如；他们在父母或导师的跟前应该获得他们的年岁所应有的自由，不可无故加以不必要的拘束。

——（英）洛克《教育漫话》

成年人在长大之后都会羡慕孩子的童年，因为他们小的时候可以去玩泥巴，捉蟋蟀，那是多么愉快的事情！

孩子健康成长不仅需要食物上的各种营养素，同样也需要精神及心理方面的各种营养素，两者缺一就不能使孩子健康地成长。根据多项研究表明，快乐的童年是塑造良好个性心理素质的必要环境。

快乐，对于孩子的成长就像维生素一样必不可少。游戏是孩子最喜欢的活动，是适合孩子人格健全发展的活动。我们随处可以发现，孩子在玩时都很投入，很快乐。对于孩子来说，游戏是一种“严肃的工作”。孩子是把“严肃”的目的与游戏过程中快乐的情绪结合起来的。

歌德小时候，家中常会出现这样的场面：歌德站在椅子上，面对观众用稚嫩的童音做演讲。这些观众是歌德的父亲为了训练儿子的口才，特意找亲朋好友充当的。在这样的环境里，经过长时间的熏陶，歌德变得口齿伶俐，演讲起来声情并茂、极富感染力。

歌德的外祖母对这个小外孙疼爱有加，为逗歌德开心，甚至

请人在家中演木偶戏，还送歌德一套表演浮士德故事的木偶戏玩具。歌德和其他孩子便兴致勃勃地排演这个剧目，并且拉来一批小观众，可没多久，演员连同小观众都厌烦了，来来去去老演一种剧目确实没意思。他们决定自己动手做行头、装饰，自己编剧本排演。

歌德的父亲经常拉着歌德到公园里游玩，或者到田野里散步。这些时候，父亲总要教他唱些通俗易懂的歌谣。这些歌谣既好念，又易为儿童接受，每次外出歌德都能背上一两首。

歌德的母亲经常给歌德讲故事，一边讲，一边让歌德自己编故事。那些有趣的故事让歌德乐不可支。

在这个快乐的家庭气氛里，歌德在文学、音乐、绘画多方面受到了良好的熏陶。歌德后来在回忆录上写道：“这种儿童的玩艺和劳作从多方面训练和促进了我的创造力、表现力、想像力以及一种技巧，而且是在那样短的时间，那样狭小的地方，花那样小的代价，恐怕更没有别的途径能够有这样的成就了。”

对于孩子来说，家庭是他们主要的生活场所和赖以生存的地方，酝酿一种快乐和睦、温馨甜蜜的家庭气氛，对孩子身心的健康发育成长相当重要。可以说，良好的家庭气氛是保证孩子健康成长的不可缺少的精神养分。

孩子们需要这样的家庭气氛：家庭成员彼此都充满了温情和爱意，彼此都尊重、理解和信任，家庭关系亲切和谐，家庭生活快乐温馨、和睦而甜蜜；父母通情达理，子女活泼可爱，长辈们民主而不专制，晚辈们自由而不放纵，在家庭中每个人都感到幸福、温暖和愉快。

父母要让孩子在自己的家里感到身心的自由和精神的愉快，感到幸福的温情和甜蜜的笑意。在这样的家庭气氛中孩子的身体、精神、心理才能正常健康的发育成熟。

10

游戏是儿童最正当的行为

游戏是儿童的生命，游戏具有种种教育上的价值。

——(中)陈鹤琴《陈鹤琴教育文集》(上卷)

游戏是孩子与外在世界沟通的桥梁，在游戏的过程中，不但可帮助孩子发现自我、探索问题，也满足了孩子与生俱来的好奇心，让他有机会表达自己对事物的看法及态度。

前苏联教育家马卡连柯曾说过，游戏在儿童生活中具有极重要的意义，具有与成人活动、工作和劳动同样重要的意义。

少年时代的鲁迅是以苦读出名的，但也很爱玩。那三味书屋后面的小花园，正是鲁迅和他的伙伴们玩耍的天地。攻读之余，他常和伙伴们在小花园中爬花坛、寻蝉蜕、喂蚂蚁。他还和伙伴们划着船去乡下看戏。若干年以后，鲁迅先生在著作《朝花夕拾》一书时，对当年爱玩的习性还那样津津乐道。

游戏是孩子们的天性。有目的地让孩子玩一玩，既能调节孩子的生活，有利于身心健康，又能丰富其知识和阅历。

马克思当年订了一条家规：星期日是属于孩子们的。每逢这一天，他就停下繁忙的工作，给孩子们讲故事、说笑话，或带他们到郊外去游玩。

有些父母，把和孩子一起游戏看成是“陪孩子玩”，孩子是发起者，父母是跟随者，父母要被动地跟着孩子走，自然是一件不太轻松和有趣的事情。其实完全可以把和孩子一起游戏看成“和孩

子一起玩”,父母和孩子同在一个游戏的氛围中,一起笑,一起探究游戏中碰到的问题,一起动脑筋想出更多更好的玩法,共同享受和交流其中的乐趣。

孩子的童年是需要快乐的,孩子的天性就是爱玩,但一些必要的知识和技能也需要从小得到培养, **我们对孩子的要求应该是:学要学得认认真真, 玩要玩得痛痛快快。** 很多家长担心如果孩子玩得太多会“玩物丧志”,玩和学如果处理得当,可以让孩子在玩的过程中学到很多知识和技能。 **“玩中学”是一种被越来越多的人赞赏的教育方法。**

11

玩具是儿童的天使

使儿童在消遣方面得到自由,此外还有一宗好处,就是由此可以看出儿童本性中的气质,看出他们的倾向和才能,这就可以指导贤明的父母去为他们选择生活的途径和事业,同时,如果发现儿童的本性中具有任何错误的倾向,也就可以想出适当的方法去补救。

——(英)洛克《教育漫话》

每个孩子的成长都离不开玩具,孩子对玩具有一种天然的情感。他可以不向家长要吃的、喝的、穿的,但他不能不要玩具。鲁迅先生曾经说:“游戏是儿童最正当的行为,玩具是儿童的天使。”这概括得太充分、太恰当了! 孩子们看见玩具时的眼神,是那么兴奋、冲动和陶醉,犹如看见天使一般。

鲁迅在没有海婴之前，他除了到书店去，其他的杂货店是头也不回地走过的；有了海婴之后，他就常到玩具摊上，留心给小海婴拣选玩具。凡是能帮助孩子增强体质、发展智力、陶冶情感的玩具，只要能够办到的，鲁迅都尽力满足孩子需要，使孩子能充分享受童年的欢乐，在游戏玩耍中解放双手，获得教益。

一次，他给海婴买了一套木匠工具，让海婴模仿工人劳动。海婴得到这套玩具高兴得不得了，天天拿着它到处敲敲打打，俨然像个小工程师在盖房子。

鲁迅的一位朋友曾送给海婴一辆三轮脚踏车，海婴天天骑它，骑破了，就恳求父亲再买辆新的。鲁迅尽管平时生活十分节俭，可是看到孩子整天骑车锻炼，人变结实了，心里很高兴，就很乐意地给海婴买了辆新车，让他骑车到附近公园去玩，去锻炼身体。

海婴对新异的东西特别留意和喜欢。一次，海婴见邻家有一架留声机，感到十分新鲜，可主人只允许他听听，看看，不许他用手摸。海婴充满着好奇之心，回家后，婉转地向母亲提出买留声机的要求，并通过母亲向父亲转达这个愿望。后来，母亲告诉他，只要他不打扰父亲，可以考虑。不久，鲁迅就托内山先生买了一架留声机。从此，鲁迅休息时，总是和海婴一起摇留声机，欣赏音乐。后来，小海婴又迷恋于留声机的构造，千方百计地要把它拆开来看看，鲁迅和许广平谁也没有阻止他……

专家认为，让孩子玩玩具有很多好处。给孩子购买玩具，首先要注意是否安全，其次要考虑是否对孩子身心有益。益智玩具，能让孩子在玩的过程中开发智力，越玩儿越聪明。

选择玩具时要考虑到孩子的年龄、性格和喜好，如：四岁的孩子选择五六岁孩子玩的玩具，可以提高孩子对新事物的挑战能力。**好的玩具可以促进孩子的社交技巧、发现事物的能力、学习书写与阅读、发挥创意、手和眼的协调技巧、激发孩子的想像力等。**不要选择那些“中看不中玩”的玩具，书本和球类玩具都是可以伴随孩子成长的玩具，也适合各个年龄段的孩子。

12
不要过分限制孩子的顽皮

在经常监督的压力之下成长的人们，不能希望他们多才多艺，不能希望他们有创造的能力，不能希望有果敢的精神，不能希望有自信的行为。

——(德)赫尔巴特《普通教育学》

在现实生活中，如果听到“你怎么这么讨厌呀？”“你看你，怎么老是做坏事，新买的汽车又弄坏了？”……批评、责骂，那一定是成人在训斥比较顽皮的孩子。而结果呢，成人是满脸的无奈与愤怒，而孩子则满脸恐惧，不知所措。

中国科学院院士谈家桢早年留学美国，师从现代遗传学先驱、诺贝尔奖获得者摩尔根教授。回国后先后任教于浙江大学、复旦大学，因在遗传学领域有独特发现以及为锻造我国自己的遗传学所作出的巨大贡献而荣获“杰出科学家奖”。被誉为“中国的摩尔根”、“生命科学的领头羊”。他还是美国科学院院士、世界科学院院士，国际天文组织则将一颗编号为“3542”的行星命名为“谈家桢星”。

成年后的谈家桢院士，戴着眼镜，带着慈祥的笑容，处处透着一种大学者、大科学家成熟的风范，然而他幼年时却是一个顽童。在家时他有个小名叫“阿祥”，因为宁波话里“祥”、“强”的发音一样，再加幼年谈家桢生性活跃顽强，所以大家都叫他“阿强”。人们说：“阿强阿强，你又跑到外头野去啦？”——这意思就是说他犟头犟脑的，屋里关不住，总在外边乱跑、撒野。

幼年谈家桢好动，机灵。他会上树捉知了，看它究竟是怎么唱歌的，也会长时间地趴在地上看蚂蚁搬家。由于他对周遭的事物样样都充满好奇心，什么都想看个明白，什么都想亲自动手去弄一弄。他外公家是开木匠铺的，几个舅舅都会木匠活。谈家桢看着粗糙的木头经过他们的砍削、刨过之后会变成美观光滑的木制品，心生羡慕，于是也想拿起斧子劈劈试试，不料一下劈到了左手大拇指甲盖，血流满手。但他不怕，大哭过后仍旧缠着大人要学木匠手艺，后来居然也能自己"设计"着做出像样的木工活来。

谈家桢的母亲对幼年的他影响是最大的，不论谈家桢怎么野，她总会将他搂在怀里，不让严厉的父亲对他施以拳脚。渐渐地，他父亲也看到了儿子的爱好，就不怎么过分限制他出外撒野了。就这样，由于父母的宽容，幼年的谈家桢广泛接触了大自然，他与土地、生物逐渐亲近起来——这一点对他的成长至关重要。正是幼年对草木枯荣、动物生死等种种自然现象的细微观察和感知，才让他逐渐萌生出进一步探索生命密码的念头。

每个父母对孩子都有很高的期望，希望他们"乖巧听话，聪明伶俐"，喜欢用成人的计划去"塑造"孩子。其实，顽皮的孩子之所以顽皮，淘气，破坏纪律，与成人逆向而行，是因为他们活泼，不爱生搬硬套，不爱机械重复，不爱长时间进行某一活动，喜欢别出心裁，这其中常常蕴藏着无穷的创造力。而家长，必须尊重孩子的需求和选择，"援助幼小心灵的发育"，才能使孩子健康成长。

有的家长爱孩子的方式是孩子要求什么，只要能做到，就一定满足他；但当做错事时一味的责骂。这不可取。作为家长要放下架子，把自己放在孩子平等的位置上，去分析他们"顽劣"行为的原因。然后根据他们的兴趣和爱好，将孩子过剩的精力引导到正当的学习和生活中来。平时也注意多为他们提供一些有难度，有变化的活动，让他们经过一定的努力才可以做到。

家长总是以自己的愿望和感受来替代孩子的主观需求，而孩子则通过自己的"顽劣"行为来表示他们渴望得到尊重、渴望得到

独立自主、渴望自由创造的需要。家长应把自由和独立还给孩子，让孩子自主自由地进行探索。探索时会伴有“破坏性”，如当孩子把家中的闹钟拆掉时，这并非“破坏”，而是他想看看其中的构造，这时，家长就应正确引导，讲解“闹钟”的奥秘。说不定，他将来会成为“中国的爱迪生”。

我们应正确看待“顽皮”的孩子，利用得当的教育方法，对他们有针对性地进行教育。切忌在强调“乖巧听话”的时候扼杀他们的个性特长，抑制他们的创造力和想像力。

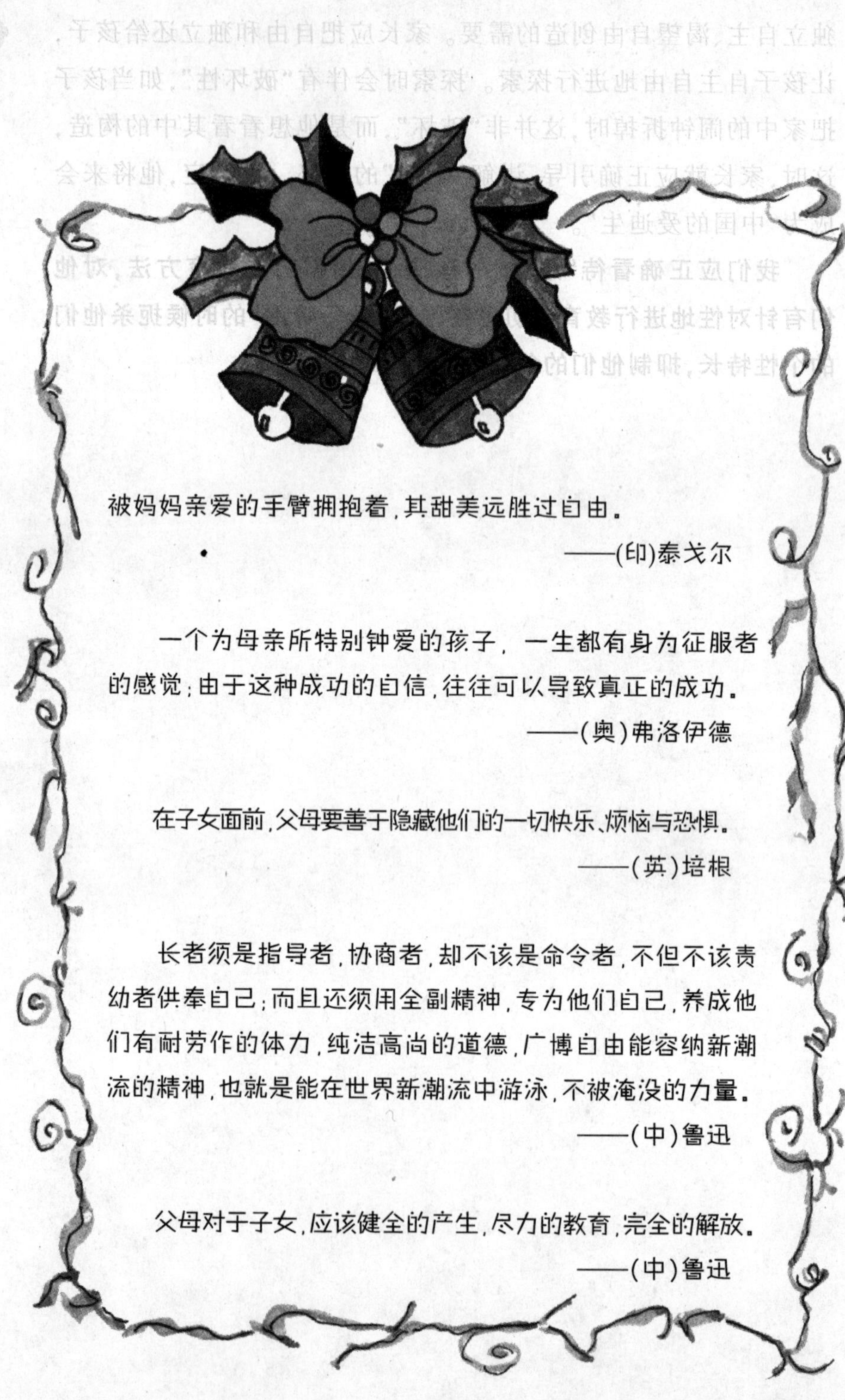

被妈妈亲爱的手臂拥抱着，其甜美远胜过自由。

——(印)泰戈尔

一个为母亲所特别钟爱的孩子，一生都有身为征服者的感觉；由于这种成功的自信，往往可以导致真正的成功。

——(奥)弗洛伊德

在子女面前，父母要善于隐藏他们的一切快乐、烦恼与恐惧。

——(英)培根

长者须是指导者，协商者，却不该是命令者，不但不该责幼者供奉自己；而且还须用全副精神，专为他们自己，养成他们有耐劳作的体力，纯洁高尚的道德，广博自由能容纳新潮流的精神，也就是能在世界新潮流中游泳，不被淹没的力量。

——(中)鲁迅

父母对于子女，应该健全的产生，尽力的教育，完全的解放。

——(中)鲁迅

第04章

营造生活的意境，让美好潜移默化地影响孩子

怎样是幸福的童年呢？是父母之间毫无间隙，在温柔地爱他们的孩子时，同时维持着坚固的纪律，且在儿童之间保持着绝对一视同仁的平等态度。更须记得，在每个年龄上，性格都得转变，父母的劝告不宜多，且须谨慎从事，以身作则才是惟一有效的劝告。

——(法)莫罗阿《人生五大问题·论父母与子女》

13

“第一环境”影响孩子的一生

教育上的错误比别的错误更不可轻犯。教育上的错误正和错配了药一样，第一次弄错了，决不能借第二次第三次去补救，它们的影响是终身洗刷不掉的。

——(英)洛克《教育漫话》

人的智慧、能力并非无源之水、无本之木。人类的一切认知来源于丰富多彩的生活。

美国人类潜能开发专家葛兰·道门教授认为，每个正常的婴儿，出生时都具有像莎士比亚、莫扎特、爱迪生、爱因斯坦那样的潜能，聪明和愚笨同是环境的产物。因此，家长应努力为孩子创设一个空间广阔、内容丰富的生活环境，让孩子受到熏陶。

世界传媒业的巨子鲁珀特·默多克1931年诞生于澳大利亚墨尔本的一户富裕家庭。父亲凯思·默多克是一位报业人士，已初步建立起了可供自己施展拳脚的澳大利亚《论坛报》，母亲伊丽莎白·格林是一位端庄娴雅的演员。她是一位极有主见的姑娘，遇事冷静，多谋善断。

小默多克的出世令全家人欣喜不已，为了小宝贝能在一个优越的环境中成长，伊丽莎白向丈夫凯思郑重建议迁居到马德里。凯思起初并不同意这个建议，他坚持认为房屋是祖辈世代居住的地方，不能轻易舍弃；更何况迁居也不是件轻而易举的事，选地址、购新居都需要耗费大量的人力、物力、财力，投入很大。而伊丽

莎白则坚持要选择新家："我想，优越的环境一定会对孩子的成长有利。"于是，他们一家迁到了澳大利亚的乡间。她的预言没有错。他们的孩子鲁珀特·默多克长大后，从澳大利亚一份地方报纸起家，奇迹般地建立起了一个国际传媒帝国。

鲁珀特后来回忆说："母亲使我对澳大利亚的乡间有一种神奇和不朽的感觉。"正是牧场的生活陶冶了鲁珀特的情操，培养了他的情趣。童年生活的经验使他一辈子都热爱着自己的祖国，自己的家乡。祖国、家乡和家乡的亲人成为他事业成功的有力支柱，也是他偶尔受挫的心灵安慰。

任何事物的存在和发展都有它自身的环境，孩子的成长也是一样。当你的孩子一生下来，就决定了他将在这种环境中度过他最有意义的时段，不管他愿意不愿意，他都必须在这种环境中成长，根本没有选择的权利，选择的权利在父母。有些父母为了孩子的健康成长，不惜一切代价为孩子寻找或创造另一种环境。这种情况都是比较少的，在正常情况下，孩子出生时的家庭环境将伴随他相当长的一段时间，这种环境在孩子身上留下的"烙印"是十分深刻的。

我们是否注意到一种现象，在海外的华侨到老年之后，都想回到家乡，甚至想在百年之后埋葬在家乡，叫做"落叶归根"。其实，家乡有什么？什么都没有了。既无田地，又无房屋，更无亲人，只有童年的记忆。就是这童年的记忆，在一个人的一生中是很有价值的。而在童年的种种记忆中，最让他动心的是他曾经生活过的屋子和在这个屋子里发生的一个个有趣的童年故事。这屋子也许只是一间茅草房，但是，它仍然藏着许许多多让人回味无穷的童年故事。

一个人一辈子记忆了不少东西，到老的时候都忘记了，很难回忆得起来。但是他一生中住过的地方，也就是他曾经拥有的一个几个甚至十几个家，却是永远遗忘不了的，因为家给人们留下的记忆太深了。

一个人一辈子要做多少个梦，没有办法知道，但是梦得最多的往往是儿时住过的房子，或房前屋后的树木，或门前的小河，以及他经常玩耍的地方。这说明家庭这个环境对一个人的影响实在太大了。孩子离开家庭，上学也好，工作也好，便进入了一个新的完全和家庭不同的环境。这些环境对孩子的成长都会发生很大的影响，但是无论如何也无法超过“第一环境”的影响。

既然“第一环境”在孩子的成长过程中有这么重要的作用，作为父母，就必须充分地认识到自己肩上担子的分量，把教育孩子的“第一环境”当作一件大事来对待，不要让孩子虚度年华，耽误前程。

孟子的母亲非常重视对孩子的教育培养。起先，她和年幼的孟子住在一所公墓附近，孟子见人们埋葬死人时哭哭啼啼，玩耍时，他也就学那种样子。孟母发现了，就把家搬到集市的附近。在集市上，孟子看见商贩们卖东西时极力吹嘘哄骗，平日和人们打交道时，就也学商贩们的样子。孟母觉得自己孩子住在集市附近也不适合，就把家搬到学堂附近。住在那儿，孟子见别人的孩子每天去上学，也提出要去上学。孟母高兴地说：“这才是适合我孩子居住的地方。”孟母就在那里长期居住了下来。孟子从此在学堂认真读书，后来成为一个非常有学问的人。

可以说，如果能使自己的孩子对“第一环境”感到亲切、温馨，并陶醉在这个环境之中，乐于在这里承受一切，创造一切，那么，孩子的未来就会充满希望。

14

泰戈尔曾饱览喜马拉雅山的风光

教育上的明智和技巧，在于精心保护和珍惜孩子心灵中对美好事物的向往之情，以及他们要成为一个好人的志向。

——（苏）苏霍姆林斯基《和青年校长的谈话》

印度诗人、作家、思想家和社会活动家罗宾德拉纳特·泰戈尔出身于一个富有的大家庭中，他的童年和少年都是在家仆看管下度过的，泰戈尔被关闭在高墙大院之内，不敢越雷池一步。正因为这样，他对围墙外广阔而又神秘的世界越加好奇和憧憬。泰戈尔 12 岁那年，父亲第一次带他去喜马拉雅山旅游，他高兴得无法形容。他们到达的第一站宿营地是桑地尼克坦，那里空旷无涯，广阔的原野，坦露的荒地，还有那错落有致的沟沟壑壑，在蓝天白云之下，像是一幅浓笔重彩的大油画。壮丽的景色深深感染了泰戈尔，他第一次获得了在空旷的大自然里自由遨游的乐趣。他们继续向喜马拉雅山进发，沿途游览了许多地方，还特地参观了阿默尔特萨尔的金庙，和那些虔诚的信徒在一起，吟唱锡克人的颂神曲。抵达喜马拉雅山麓时已是阳春 3 月，但山区的春天却是姗姗来迟。他们稍事休息之后，便向海拔 7000 英尺的德尔豪杰峰攀登。途中要经过几个宿营地，他们或步行，或骑马，或坐轿。山路两旁，古松参天，春花初绽，云飞雾绕，鸟语声声，皑皑白雪在峰岭熠熠闪烁，山路自下盘旋而上，沟壑万丈，层林迭翠。这一切，对泰戈尔来说都宛如天堂，闻所未闻，见所未见，一颗好奇和探索的童心完全陶醉在这山区的美景之中了。他们到达德尔豪杰峰后,住在自己早已购置的小屋里。每当太阳从东方的峰岭喷射出万道金光时,泰戈尔和父亲早已在户外散步了,然后回到屋里读一小时英文,读毕就到冰凉的水里沐浴,下午仍是读书,讨论宗教问题,晚上则是坐在星空下,听父亲讲天文知识,欣赏高原美丽迷人的夜色。父子俩在那里整整度过四个月这样的旅游生活。

这次旅游,使泰戈尔和喜马拉雅山结下了不解之缘,留给他许多终生难忘的美好记忆,他后来称喜马拉雅山是"蛰居在心灵上的情人"。成人以后,怀着深深的眷恋,他曾多次攀登喜马拉雅山。1916年出版的诗集《飞鹤》,就真实地记录了他这些游览活动的感受,被评论家称为出类拔萃的诗,达到了抒情诗的最高水平。以后,泰戈尔和他的父亲又在喜马拉雅山脚下的桑地尼克坦买了一块地,建了一幢住宅和一座花园,他们常去那里游览休假。他还在那里创立了植树节和开犁节,使当地植树造林蔚然成风。泰戈尔的生活已经与桑地尼克坦紧密地联系在一起,他通过在那里的许多实验活动,扩大和增进了对自己所酷爱的大自然的亲近感,饱览了美丽的自然风光,熟悉了普通人民的生活情形,这对他的诗歌创作产生了极为深远的影响。

15

卢梭在晚年时,常常想起小时候他姑姑教过的歌曲……

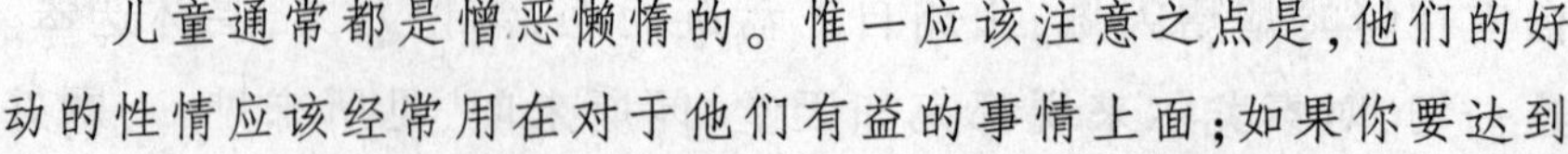

儿童通常都是憎恶懒惰的。惟一应该注意之点是,他们的好动的性情应该经常用在对于他们有益的事情上面;如果你要达到

这个目的，你就应该把你所愿意他们去做的事情当作他们的一种娱乐，不可当作一种工作。

——（英）洛克《教育漫话》

法国教育家卢梭在他刚出生时就失去了母亲，由他的姑姑将他抚养成人，姑姑从小对他进行的美的教育给他留下了终身难忘的印象。他在《忏悔录》中这样写道：

“我对于音乐的爱好……确信是受了姑姑的影响。她会唱无数美妙的小调和歌曲，以她那清细的嗓音，唱起来十分动听。这位出色的姑娘的爽朗心情，可以驱散她本人和她周围一切人的怅惘和悲愁。她的歌声对我的魅力是那样大，不仅她所唱的一些歌曲还一直留在我的记忆里，甚至在我的记忆力已经衰退的今天，有些在我儿童时代就已经完全忘却了的歌曲，随着年龄的增长，又浮现在我的脑海中，给了我一种难以表达的乐趣。”

在卢梭的晚年生活中，每当他想起了姑姑教过的歌曲，常会孩子般地哭泣起来，有一支姑姑教给他的歌曲一直使他很动情，遗憾的是他忘却了后面一半的歌词，他曾几次想请人补续后一半被他忘掉的歌词，但是他始终没有这样做，因为他不希望这支使他动情的歌曲还有别人也会唱。他在童年时期领受过的这支歌曲的美，对他一生的生活都产生着潜移默化的影响。美的熏陶有如此神奇的力量，有时简直难以使人相信。

16

安徒生小时候，在富恩岛上有一个美丽的家

做父母的对子女的早年教育决不是一种无效劳动。虽然在某些年月里，好像被教育者处于沉睡状态，没有见到效应；但是，到后来终有一天，会看见大有好处的。

——(英)笛福《鲁滨逊飘流记》

丹麦童话作家安徒生住在富恩岛确良上的一个叫奥塞登的小城镇上，那里住着不少贵族和地主，而安徒生的父亲只是个穷鞋匠，母亲是个洗衣妇，祖母有时还要去讨饭来补贴家用。那些贵族地主们生怕降低了自己的身份，都不允许自己家的孩子与安徒生一块儿玩。父亲看在眼里，反而十分轻松地对安徒生说："孩子，别人不跟你玩，爸爸来陪你玩吧！"

安徒生的家够简陋了，只有一间小屋子，破凳烂床把这个小小的空间塞得满满的，没有给孩子留下多大的活动空间。然而，就是这么一间破烂的小屋，父亲却把它布置得像一个小博物馆似的，墙上挂上了许多图画和做装饰用的瓷器，橱窗柜上摆了一些玩具，书架上放满了书籍和歌谱，就是在门玻璃上，也画了一幅风景画……父亲常给安徒生讲《一千零一夜》等古代阿拉伯的故事，有时则给他念一段丹麦喜剧作家荷尔堡的剧本，或者英国莎士比亚的戏剧本。这些书本中的故事使安徒生浮想联翩，常常情不自禁地取出橱窗里父亲雕刻的木偶，根据故事情节表演起来。这还不能让他感到满足，他还用破碎的布片给木偶缝制小衣服，把它

们打扮成讨饭的穷人、没人理睬的穷小孩、欺压百姓的贵族和地主等，并根据自己的实际生活体验编起木偶戏来。

为了扩大孩子的眼界，丰富孩子的精神世界，父母亲同意和鼓励安徒生到街头去看油嘴滑舌的生意人、埋头工作的手艺人、弯腰曲背的老乞丐、坐着马车横冲直撞的贵族和伪善的市长、牧师等人的生活，获得各种感性经验。

安徒生在他以后的写作生涯中能够写出《卖火柴的小女孩》、《丑小鸭》、《看门人的儿子》等童话故事，同情劳动人民的苦难，谴责和鞭挞统治阶级的贪婪、残暴，都是与他小时候的这段生活经历有密切联系。

第05章

让孩子享受心灵自由，充满健康气息

你如果想要儿童变成顺从并守教条的人，你就会采取压服的教学方法；而如果你让他能独立地、批判地思考并有想像力，你就应该采取能够加强这些智慧品质的方法。

——彼德斯

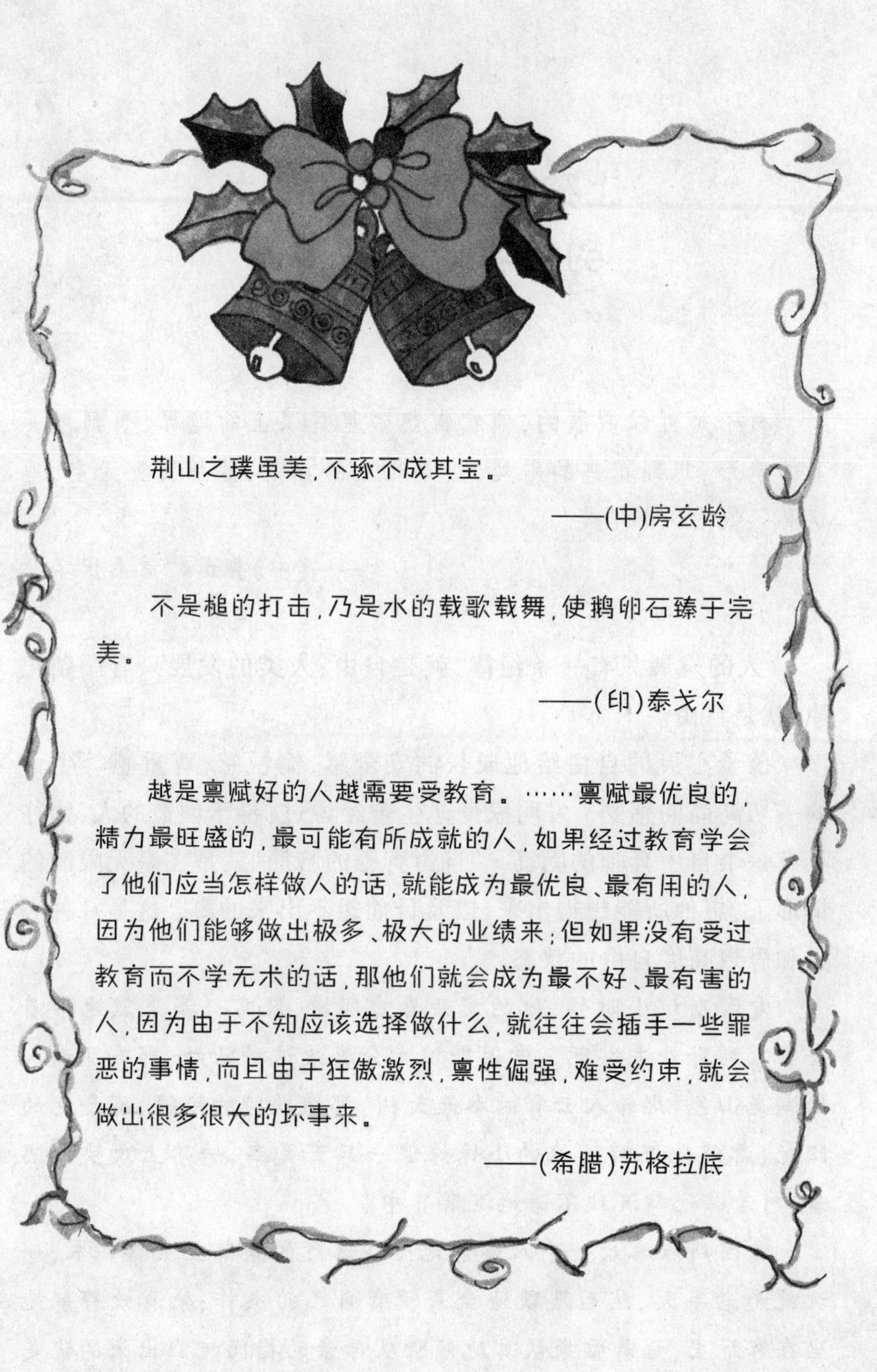

荆山之璞虽美，不琢不成其宝。

——(中)房玄龄

不是槌的打击，乃是水的载歌载舞，使鹅卵石臻于完美。

——(印)泰戈尔

越是禀赋好的人越需要受教育。……禀赋最优良的，精力最旺盛的，最可能有所成就的人，如果经过教育学会了他们应当怎样做人的话，就能成为最优良、最有用的人，因为他们能够做出极多、极大的业绩来；但如果没有受过教育而不学无术的话，那他们就会成为最不好、最有害的人，因为由于不知应该选择做什么，就往往会插手一些罪恶的事情，而且由于狂傲激烈，禀性倔强，难受约束，就会做出很多很大的坏事来。

——(希腊)苏格拉底

17

让孩子的思绪在陌生的世界欢畅地漫游

孩子是可以敬服的，他常常想到星月以上的境界，想到地面下的情形，想到花卉的用处，想到昆虫的言语，他想飞上天空，他想潜入蚁穴……

——(中)鲁迅《"看图识字"》

人的发展只有一条纪律，就是自由；人类的发展只有一条纪律，就是自由。

孩子心灵的自由给他成长的安全感、愉悦感、尊重感等生命的一切高尚的感受。发明家爱迪生曾经说过：善于创造的人，往往具有一个自由奔驰的脑筋。"自由奔驰的脑筋"就是在毫无限制的情形下，想他所能想得出来，以及目前想不出来的事。这是一种心灵和思想高度自由的状态。

爱因斯坦小时候，他的父亲喜欢郊游，经常兴高采烈地带着全家人到野外去游玩。爱因斯坦十分喜欢这种活动，那美丽动人的湖光山色，那耸入云霄的参天大树，那颂歌般的松涛，那金色的阳光，都使他沉醉。他的小妹妹像一只百灵鸟，一路上欢快地唱着、叫着。他却沉默不语地沉醉其中。

爱因斯坦喜欢一个人静静地坐在客厅的角落里玩搭积木，一玩就是老半天，然后默默地坐着欣赏自己的杰作；他喜欢静静地坐在客厅里，歪着脑袋认真地倾听从母亲的指间流淌出来的优美动人的音乐……邻居家的孩子们经常在一起玩游戏，小家伙们在

一起尽情地唱呀、跳呀、叫呀,可这里面却没有爱因斯坦的身影。

爱因斯坦的小脑瓜里,充满了对这个陌生世界的百思不解,几乎没有安宁的时候……

在爱因斯坦四五岁的时候,一天,爸爸送给他一件小玩具——罗盘。对新鲜事物充满好奇的爱因斯坦为此心花怒放,立刻爱不释手地摆弄起来。

罗盘中间有一根指北针,尖端一头涂着红色,颤巍巍地抖动着,总是顽固而坚定不移地指向北方。爱因斯坦小心翼翼地转动盘子,想偷偷改变指针的方向,但无论他怎样转来转去那根针就是不听指挥,红色的那端依然牢牢地指向北方。爱因斯坦急了,猛的一转身子,从朝北转向朝南,心想:“这个指北针总该跟着我走了吧?”但是定睛一瞧,他不由大吃一惊:红色的一端依旧指着北方!“太奇怪了……”爱因斯坦不知所措地喃喃着,“这到底是为什么呢?”他想去向父亲询问,可灵机一动,他马上自己做出了解答:“对,这根针的旁边一定有什么东西在推着它,所以它能永远保持一个方向。”于是他翻来覆去地研究罗盘,想在指针周围找出那神秘的东西。爱因斯坦的童年有了罗盘这个有趣的伙伴,他整天精神恍惚,越发沉默不语。

这件有关罗盘的童年往事,给爱因斯坦留下深深的印象,甚至在许多年后,他还常津津有味地回忆。也许,爱因斯坦日后对电磁场的深入研究,还有相对论,其灵感就是源于童年时代那谜一样的小玩具——罗盘。

孩子的快乐不一定表现为表面上的欢喜。生活中,当孩子有了“沉醉”倾向时,父母无疑应该高兴才是。因为沉浸于某一件事情时,孩子会因此而培养出很高的注意力,自然也会展开对与此相关的事物的思考,精力越集中,思考也越深入,其结果是提高了智力。专注于某一事物,本身就是一种思考活动。如此不断地思考下去,孩子的思维将会达到相当的深度。像这样培养出来的思考力,即使以后孩子把兴趣转向了别的事物,也依然能够发挥其作用。在孩子的注意力和思考力还没有到达一定的深度时,就有意去分散他的兴趣,这对孩子的成长绝对没有好处。

作为家长,完全可以给予孩子自由的思考和探索活动。日常生活中诸如杯子、电视、微波炉、花草水族箱,也都可成为启发孩子自由思考的题材。不论孩子提出的看法,多么滑稽,都值得他去深究,试验。

乍看之下,给孩子一个自由思考的空间,这似乎颇为简单,但了解实情之后,又将困难重重。其中最大的症结便在于父母的掣肘。我们经常听孩子们说,爸爸妈妈总是逼着我学这学那,一点儿自由都没有,真没意思。**为什么现在的孩子备受宠爱,却反而感受不到快乐?其主要原因在于家长总是以自己的愿望和感受来替代孩子的主观需求,忽视了孩子还渴望自由地思考和创造。**这些需要的满足,才能使孩子感到真正的快乐和幸福。

孩子在最初的几年里是用身体、用活动、游戏去感觉世界和认识自己的,而不少家长却剥夺了孩子的这种学习方式和活动的权利,用各种各样的学习安排把孩子活动的时间和空间都占据了,这对孩子的发展十分有害。研究表明,受家长支配太多、指责太多的孩子自我激励能力很弱,创造能力和想像力的发展受到压制,好奇心也受到打击,他们很难发现自我价值。同时孩子们由于过早地承受太多的学习压力,从而早早地失去了童年的乐趣,没有正常孩子那样的欢乐,这将影响他们的社交能力和其他各种能力的发展及心理发育。

可见,有时作为家长过于"积极"和"主动"的行为,恰恰剥夺了孩子们自由探索的机会。给孩子安静思考的时间,为他们提供自我发展的空间,才能保证他们心灵和思想的自由。

18

让孩子享有充分的自由与开放的意志

教育是帮助被教育的人，给他们能展自己的能力，完成他的人格，于人类文化上能尽一分子责任；不是把被教育的人，造成一种特别器具，给抱有他种目的人去应用的，……是教育要个性与群性平均发达的。

——(中)蔡元培《蔡元培教育文选》

成年人常常认为孩子小时天真无邪，无忧无虑，是向他们灌输成人决定的时期。但是事实往往与此相反，孩子们对于强加给他们的任何决定都是排斥的。孩子们同样需要自己去选择、体验，只有亲身经历才能产生真正的愉快。

1898年4月26日，在西班牙塞维利亚一个铁路工程师的家里，一名男婴呱呱坠地，他就是维森特·阿莱桑德雷，后来的诺贝尔文学奖得主。

阿莱桑德雷在接受诺贝尔文学奖时发表的演说词中说，我生长在一个保守的家庭，但幸运地享有充分自由与开放的意志……18岁那年我尝试动笔写诗、作词，在动荡时局里隐蔽地勾出生命的蓝图。

阿莱桑德雷说，他生命中的第一个记忆就是马拉加：他的父母住在马拉加的科尔多瓦大街，他的祖父母住在马拉加的阿拉麦达街。他最原始的记忆是，见过祖父在地上玩国际象棋，祖母靠着窗口静静地缝制衣服；他被家人包围着，听着老收音机里播放的音乐，看着布娃娃踏着音乐跳舞，过着无忧无虑的生活。他和父母及妹妹在马拉加一直生活到1909年。是马拉加给了他充分思考和自由学习的空间。

在许多家长的心目中，孩子就是自己的私有财产。家长一旦从心理上占有了孩子，就会在行动中要求孩子围着大人的指挥棒转，包办孩子的一切，如此会造成孩子对大人的依附性太强，成为“长不大的一代”。

现在许多孩子普遍表现出心理、人格、能力上的独立性欠缺，这是一个不容忽视的社会问题。所谓独立性，是指一个人独立地分析和解决问题的能力。未成年人今后要在社会上生存以及进行创造性活动，必须学会独立。资料表明，有66.89%的杰出青年在童年时代就非常喜欢自己独立做事情。而据专家调查发现，今天的孩子特别缺少“生活自理能力，保护自己的能力”，“做事容易依赖别人”。

父母要把自由和独立还给孩子，让孩子自主选择，自由探索。孩子成长的每一个年龄阶段都有其特有的身心发展特点和生活内容，父母应把原本属于他们的权利还给他们。只有这样，孩子身心发展的巨大潜能才能得以挖掘。

在美国的学校里，小学生上课不用排排坐，不背手，而是围着圆桌团团坐，相互交谈，没有“不许做小动作”这种批评。作业几乎没有，即使有，也很简单，学了A这个字母，回家从报纸上剪下一个以A打头的字母就算完成，而且老师的评语很少批评，大多是“好”、“漂亮”、“精美”等赞美之词。

孩子的自我意识是孩子社会适应性发展的基础，没有良好的自我意识就没有良好的社会适应性。在孩子的早期，自我意识的素质发展不好，就会影响他日后适应社会的能力。

孩子最早的自我意识来自父母是如何看待他的，当他肯定自己被父母爱时，他就能认识到做人的价值。孩子在很小时，他们会提出“我自己来”、“我自己做”的要求，并跃跃欲试地尝试着做每一件事，这是孩子心理发展到一定阶段的正常现象。许多父母生

怕他们做不好,总是包办代替,从而剥夺了孩子学习与锻炼的机会。当孩子到时候什么也不会做或什么也做不好时,却又受到父母的指责与埋怨,这对孩子来说是不公平的。

在日常生活中,父母不要一味地把自己的意志强加给孩子:“这个味道不错,吃这个吧!”“这个更可爱。”“这件很适合你,买这件吧!”这样,孩子会逐渐失去自己的主见。在餐厅点菜、买衣服、买鞋帽时,让孩子从小就有发言和选择的机会。“选哪个呢?”“那个好吗?挑你自己喜欢的吧!”这样对孩子说话才是易于接受的。

孩子说出自己的想法时,父母要认真地听,见解正确时要给予承认并及时表扬。老是抑制孩子的思维,不让孩子的意见得到伸展,孩子就再也不会提出什么主张了。当然,孩子的意见不合情理时,父母要亲切、认真地加以说明,让孩子能够接受,代之以其他的要求。

作为家长应随着孩子年龄的增长和独立意识的增强,通过各种方式以实际行动给予支持,如对孩子表示信任、让孩子拥有独立的空间、给孩子支配时间的自主权、尊重孩子的选择、善待孩子的朋友等等。

19

宽容孩子的缺陷,不与别人比“优劣”

过分强调竞争制度,以及依据直接用途而过早专门化,这就会扼杀包括专业知识在内的一切文化生活所依存的那种精神。

——(美)爱因斯坦《培养独立思考的教育》

爱因斯坦日后之所以能取得辉煌成就，与他的家庭是分不开的。他生长在无忧无虑的家庭环境中，父母对他是十分宽容的。他的父母在他的成长道路上所扮演的角色就是保护他的气质与性格免受不良因素的影响。

6岁时，爱因斯坦迷上音乐，开始学习小提琴，小提琴奏出的优美音乐将他带入了一个美妙的境界，音乐曾一度使他着迷。然而，练习小提琴时机械、重复的弓法和指法又令他心生厌倦。此时的爱因斯坦与同龄人相比，不仅没有超长之处，反而多几分笨拙。

一次，爱因斯坦的父亲问学校里的教导主任，自己的儿子将来可以从事什么职业，这位老师竟直言说道："做什么都没有关系，你的儿子将是一事无成。"这位老师对爱因斯坦的成见非常深，认为他是一块朽木，已再无雕刻的价值，竟勒令他退学。就这样，爱因斯坦15岁那年就失学了，连毕业证都没有拿到。

当爱因斯坦的"天才"还没有发挥出来，还显得很笨拙的时候，他的母亲很着急，担心自己的孩子将来一无所成，而他的父亲则说道："不用把此放在心上，孩子只是不能适应学校的规则及学校机械的教学罢了。等他长大了，了解了周围的一切后，就可以顺利适应了。"父母没有将他视"弱智儿"，没有因为功课不好、被学校开除而责打他，而是给他一个很宽松的环境，循循善诱地帮助他成长与发展。1895年的秋天，16岁的爱因斯坦离开了亲人，独自登上开往苏黎世的列车，开始了人生新的里程……

一般来说，孩子的生长发育是有一定规律的，但由于环境、生活条件与养育方法等诸因素的差异而超前或延缓的情况是常有的。存在这种差异不应怪孩子、批评孩子，而应从父母身上找原因。尤其是饮食、睡眠等生活习惯或其他行为习惯的形成并不是孩子与生俱来的，是后天不合理的教养所造成的。错怪孩子，这对孩子来说是极不公平的。

父母重视孩子的生长发育，与同龄孩子的父母交流经验，这是关心、疼爱孩子的表现，但"比"就不对了。孩子超过别人，父母

就高兴，反之就着急，这种心态会使父母对养育孩子缺乏信心，从而影响孩子的成长。无论从哪个角度讲，人的差异是存在的。孩子的生长发育也不可能完全一样，不要强迫孩子沿着大人预定或设想的路线迈步。

当着孩子的面直接抱怨自己的孩子这样那样都不如别人，这会使孩子很伤心，自尊心受到伤害，久而久之，当他长大一点，更懂事的时候，他会丧失信心，形成自卑感，缺乏克服困难的勇气，认为自己处处不如人。另一方面，这对被夸的孩子也不利。

父母不要因孩子某方面的欠缺而否定他的一切，更不能照搬别的孩子的成功个案来培养自己孩子。父母要有足够的勇气承认并正视孩子间的差异，要怀着沉稳的心态耐心引导孩子，遵从他们自己的速度成长。父母要牢记，对孩子的信任与尊重是促使孩子健康成长的最佳营养品。

20

民主、平等、尊重地对待孩子

单纯年岁的增长本身并没有什么重要性，它并不自动地表明成熟程度。在这里，教育是一种最强大的力量，因为一个人是能够加以塑造和培养从而按照自己发展的节律成长的。

——(法)朗格朗《终身教育引论》

读过《红楼梦》的人对贾宝玉挨严父板子的描写一定印象深刻。平日里宝玉被以贾母为首的一群人宠着护着，尽享人间快乐，然而父亲贾政一回家，必定考其功课，考试的结果必定是打屁股。

这是传统中国家庭教育的典型代表：严父慈母教育，而父亲的严厉离不开责打。可以说这是古朴自然的教育方法，因为孩子认知能力差，说理教育效果不好，肉体痛苦则刻骨铭心，父母因此认为孩子不打不成器。然而心理学研究发现，暴力教育不但会造成孩子的精神创伤，还会加强孩子的暴力性。只不过在家长专制的时代，孩子不敢反抗罢了。

今日的社会环境已不容家长专制，挨打的孩子可能会离家出走，或进行更激烈的反抗。现代父母爱子女的表现很多已演变成溺爱。孩子没有了严父，父母的权威不再能控制孩子的行为，包括不良行为。也许这还不是最令人担忧的。心理学研究表明，孩子体验不到父母的权威，长大后没有自信。这可是危及孩子终生的缺陷！

父母不能打骂孩子，也不能溺爱，孩子却需要成长，这就向现代父母提出了挑战。怎样教育孩子？

数学家陈景润对儿子的培养方法是：民主对待。家庭民主，父子民主，母子民主，使孩子能自由自在地成长，使他的思维方法更具有个性。陈景润认为，孩子有个性才能成才，文艺家、政治家、科学家都靠个性的发展才获得成功。

陈由伟天生聪明，每当他拿玩具，便好奇地把玩具拆开看个明白。母亲便严肃批评儿子。这时，陈景润总是乐呵呵地站在儿子一边说："孩子有好奇心是件好事。他能拆开玩具证明他有求知欲望，能研究问题。当父母的要支持他才对。"

陈由伟上小学后，常常向陈景润谈自己的事，学习、劳动或与同学的往来。陈景润认真听着，然后为孩子当参谋。很快，他就获得了孩子的信任，和儿子成了朋友。

身为父母，要认识到孩子是一个独立的个体，孩子虽然年幼，但他们有独立的人格和自我意识，他们有自己的想法和观点。父母不能因孩子的弱小、对成人的依赖，而无视他们独立人格和自我意识的存在。

美国前总统布什的长子小布什子承父业当上了美国总统。全

世界的媒体都惊呼：美国政坛的新贵布什家族已经浮出海面。那么布什夫人有什么育儿诀窍呢？

老布什和夫人巴巴拉一共有4个儿子。巴巴拉把自己一生的精力全部倾注于家庭。她从来不大声斥责孩子，她说，如果孩子所敬爱的母亲如此斥责他们的话，会使他们的自尊心受损。若孩子犯了错，她会若无其事地带他们出去玩，使他们反省，一边玩，一边加以引导。

很多家长在教育子女问题上是"依据自己的想法"和"夫妻间商量的结果"，较少考虑教育的原理和孩子自己的想法。专家认为，家庭的平等、民主和对孩子的尊重是教育好孩子的前提。

老舍先生提倡待儿童必须有平等的态度，主张尊重儿童，像对待好朋友一样。在这方面，他是身体力行的。他爱给儿童写信，在信中常用幽默的话开玩笑，甚至悄悄地向儿童宣布自己的写作计划。《四世同堂》第三部的写作大纲便是在给冰心的大女儿———一位中学生的信中首次披露的。在他面前，孩子可以自由说话，他希望普天下的父母都有这样的态度和胸怀。

作为家长，与孩子交流不能以教训的口气，哄人的口气，引诱的口气来赢得他们的合作。如果家长以平等的，像与朋友谈话的口气来与孩子交谈，多数情况下都能顺利地与自己的孩子交流思想。

心灵的自由是一种精神需要，是人格的内核。维护心灵的自由就是自尊，是人的本能与天性。**孩子的自尊心是他们成长的动力。保护好孩子的自尊心，增强他们的自信心，这是做合格家长的责任。**家长应懂得孩子的自尊心是他们一生做人的资本，不能伤害与践踏它。即便孩子才几个月，也要给予完全的尊重，保护孩子心灵的自由。

对于每个家庭来说，民主、平等、尊重，与孩子共同学习和进步，才是理想的关系模式。因此，家长应当构建良好的家庭人文环境。

21
倾听孩子宣泄情绪体验

如果一样接着一样的东西给得太快的话,这正是不能理解清晰的原因。所以对于开始学习的人,必须仔细把每一点分开,分析每一样事情,并一步一步地前进,一直到他们能够安适地掌握这一课题。

——(德)赫尔巴特《教育学讲义纲要》

有一天,你忽然发现孩子在家里生气,或者故意扔东西,故意破坏家里的物品,这时,你不必紧张,也不必愤怒,因为这通常是孩子碰到挫折、委屈或愤怒时的表达方式。

要想帮助孩子首先要了解孩子,了解他们的心灵压力是什么、来自何处。因此父母还需要用心倾听孩子的诉说。不管平时再怎么忙,一定要抽出时间来和孩子交流。这个时间可以是饭前饭后的空隙,可以是看电视时的讨论,可以是周末的休闲。在这些时间里要尽量让孩子多说话,让孩子自己说出自己的情况。当孩子在倾诉心中的不满和怨忿时,家长一定要耐心地听,千万不要轻易打断,更不要以教训式的口吻训斥儿童。尽管孩子在倾吐自己的内心体验时,有时会词不达意,有时甚至是不合情理,但是,给儿童以倾吐自己情绪体验的主要价值在于能使孩子认识到自己说的话被家长当作一回事了,自己的情绪找到了合理疏泄的途径。而家长只有对孩子的真实情况有充分了解,才能针对问题给孩子以实际的帮助。

当孩子产生各种情绪时，应该让孩子有机会把它表现出来，而不要去压抑它。**如果不允许孩子生气、悲伤、不满和痛哭，那么，孩子只能压抑自己，由于情绪得不到宣泄，其内心体验就会变得更加强烈，长期积累在心中，就可能导致身体和心理的障碍。**但是当孩子以大哭大闹、破坏物品或欺侮别人的方式发泄自己的不良情绪时，明智的做法不是当场阻止孩子的行为，更不是采用严厉的体罚方法。只要孩子的行为不会产生严重后果，就应该暂时地加以容忍，事过之后，以说理的方式教导儿童，让他们认识到他们的表达方式并不能解决问题，相反，会产生不良后果，以后如果再遇到这种情境，应该采用更好的方式表达自己的情绪。家长也可以让孩子懂得，在遇到令人不愉快的事情时，最好把自己心中的感受告诉别人，以求得到别人的同情和安慰。这种以支持的方式应付心理冲突或挫折的方法，对于年幼的孩子来说是特别重要的。

另外，任性是孩子性格中容易发生的不良倾向，表现为高度的以自我为中心，想干什么就干什么，不听劝告。孩子受认知水平的限制，不善于从其他人的角度考虑问题，只考虑自己的需要、自己的情感。尤其是大点的孩子，由于在活动中追求自主，力图表达自己的意志。因此，家长从一开始就应该坚持不溺爱，遇事要与孩子讲明道理，让孩子懂得办事要尊重别人的不同意见，不要以自我为中心。

对于已经形成任性性格的孩子，家长要善于调控和引导。在预测到孩子可能要任性时，主动地转移他们的注意力。对于处于任性发作中的孩子，可以暂时不予理睬，只要不发生安全上的问题，可以让他独处一下，先让他冷静下来，然后给他讲道理。如果是在公共场所孩子发生任性行为，应严肃地予以制止，将孩子带离现场，并宣布中止活动，待孩子平静下来后，再继续活动。

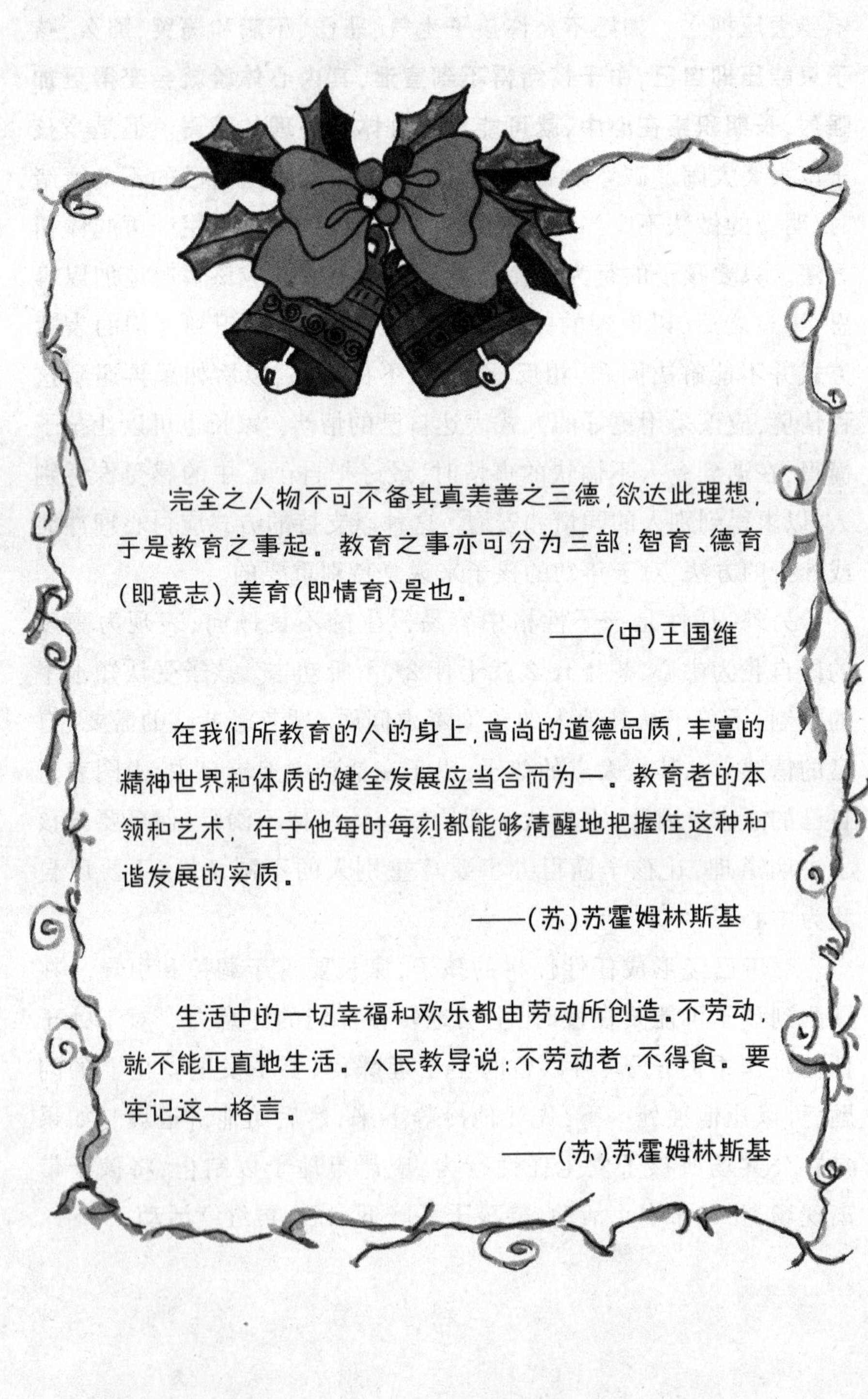

完全之人物不可不备其真美善之三德，欲达此理想，于是教育之事起。教育之事亦可分为三部：智育、德育（即意志）、美育（即情育）是也。

——（中）王国维

在我们所教育的人的身上，高尚的道德品质，丰富的精神世界和体质的健全发展应当合而为一。教育者的本领和艺术，在于他每时每刻都能够清醒地把握住这种和谐发展的实质。

——（苏）苏霍姆林斯基

生活中的一切幸福和欢乐都由劳动所创造。不劳动，就不能正直地生活。人民教导说：不劳动者，不得食。要牢记这一格言。

——（苏）苏霍姆林斯基

第06章

让孩子有自己的兴趣、爱好，获得高尚的生活情趣

我们在一切交往之中，全都不可侵犯真理，尤其是与儿童交往的时候最不可侵犯；因为如果我们跟他们弄假，我们就不独欺骗了他们的期望，阻碍了他们的认识，而且也毁坏了他们的天真，使他们学会了最坏的恶习。

——(英)洛克《教育漫话》

22

帮助孩子寻找感兴趣的活动

世界上有趣味的东西异常之多：西班牙诗、化学、政治、音乐都很有趣味，如果有人对这些东西感觉兴趣，我们决不能说他不对。但一个人在特定的环境内，如欲有所成就，他必须专注于一事，而不可分散他的精力于多方面。

——(德)黑格尔《小逻辑》

生活中，心智健康的人的生活很平衡，他们可以从很多方面得到快乐。对在某方面表现特别优异的孩子来说，协助他们培养广泛的兴趣尤其重要。这些孩子往往因为其某方面的才华受到重视，而把全部精力放在那方面。要是父母协助他发掘运动或其他的活动兴趣，他的生活会更快乐。

也许，父母不知道孩子对什么感兴趣，但他们可以提供各种活动，帮助孩子寻找感兴趣的活动。

对于非常专注地喜好一件事情的孩子来说，通常这些孩子全神贯注于自己的兴趣所在，而对于其他的事情却抛之脑后。教育专家指出，如果他们的父母帮助他们寻找另外一些感兴趣的活动的话，那么，孩子们可能更加快乐。

23

不要根据自己对人生意义的理解而轻易限制孩子的爱好

长者须是指导者，协商者，却不该是命令者，不但不该责幼者供奉自己；而且还须用全副精神，专为他们自己，养成他们有耐劳作的体力，纯洁高尚的道德，广博自由能容纳新潮流的精神，也就是能在世界新潮流中游泳，不被淹没的力量。

——(中)鲁迅《鲁迅论教育》

一个人如果没有什么兴趣是很不幸的，孩子有自己的兴趣、爱好是一件好事，最不幸的是父母凭主观意志扼杀其兴趣和爱好。

1845 年，罗丹刚满 5 岁，由于聪明过人，父亲提前把他送到了离家不远的耶稣会学校上学，但是罗丹对宗教方面的书一点兴趣也没有，却非常喜欢画画。

一天，收拾家务的母亲收捡出一堆废纸来，罗丹却把这一堆废纸一张张地弄平后，在上面画上了许多自己喜欢的画。从这以后罗丹经常模仿包装纸、报纸上的人物、房屋、动物的样子把它们画下来。

一次，在餐桌上罗丹发现父亲脚边上有一张纸，他便趴下去，用笔画出了父亲皮鞋的样子。坐在他边上的哥哥发现罗丹趴在地上不吃饭，就叫了起来："罗丹，你不吃饭趴在地下干什么呢?"

当父亲发现罗丹趴在自己的脚边画画时，更是生气了："你学习这么不好，原来你是在干这个玩艺！"父亲非常生气，当场让罗丹保证从此以后要好好学习，不再画画了。

从此，罗丹虽然在家里不敢再用包装纸明目张胆地画画了，但是在外面，不管是在马路上还是在墙上他每天都喜欢画上几笔。

罗丹9岁的那一年,成绩还是不见好转。父亲只好把他送到了叔叔在乡下开办的学校去读书，在叔叔那里一呆就是4年多，在这4年里,罗丹的成绩还是不见有什么提高,但他的画画水平却让老师们都感到了震惊。

看他学习仍然没有进步,父亲开始对罗丹失去了信心,决定把这个成绩一点也不好的孩子送去工作。

"我看你再学也是一样,快去找一份工作吧!"

"不,我要学画画。"

"学画画,谁拿钱送你去学,那东西以后能混饭吃吗?"

在一旁的姐姐这个时候开始帮罗丹讲话了:"爸爸,听说有一所美术学校是免费学习的。"

"那好吧! 只要他考得上,就去上吧! 我反正是管不了他了。"

罗丹经过努力果然考上了这所工艺美术学校，刚入校不久，素描老师看了罗丹的习作后,非常高兴,并且耐心地给他指导。

"千万得记住,既要学会临摹,更要学会根据记忆来画画。"

罗丹牢牢地记住了老师的话,于是他把平时爸爸在各种场合跟他生气的样子都画了出来,最后得到了素描老师的好评。

素描课结束以后,就该上油画课了,这却给家境贫穷的罗丹出了一个难题,颜料和画布都需要一笔钱,罗丹从哪里去弄这一笔钱啊?万般无奈之中,罗丹只好学习雕塑,因为雕塑材料无非是木头和泥土,并不花钱。

为了不给家里增加生活负担,罗丹一边学习,一边去帮人当杂工、首饰匠,有时候还去给雕塑家当助手。这一切不仅使他的经济有了一些来源,同时也给他积累了丰富的素材。

后来他终于创作出了许多著名的雕塑作品,成为一个伟大的雕塑家。

兴趣的偏重对孩子注意力和智力的培养有很大影响。同样是

孩子,有的非常喜欢车子,而有的却对花卉极其感兴趣。如果孩子的爱好特别强烈,这时候,一般的父母并不感到高兴,相反会因为担心孩子的兴趣过早偏向某一方面而煞费苦心地用别的东西来冲淡他的兴趣。这样做,对孩子的成长其实是有害的。

教育家伏见猛弥发现自己两岁的孩子很喜欢汽车和火车,从此,他不仅外出回来都买这一类的玩具给孩子做礼物,而且还很留意帮助孩子发展这一兴趣。据说,通常小学五年级的学生才开始学习的"近大远小"法,他在三岁时就自然掌握了,画出来的火车,逼真得简直就像要从画面里跑出来一样。一般四年级才开始学的展开图的画法,他在五岁时就画出来了,还剪下厚纸板,自己把它们组合成火车头等东西。结果,这个孩子的注意力变得非常集中,而且还具有异常敏锐的观察力。

每一个孩子都不一样。教育中一个重要的问题就是培养孩子的个性,而孩子的个性从出生那天起就已经因人而异了,所以,不同的孩子所走的道路也就不同。如果主动去发现孩子的爱好,给予肯定、赞赏和支持,你的孩子也同样会获得进步。

24

父母的支持成就孩子其乐无穷的事业

人才的幼苗当从小培养,如果家庭里,学校里,铺子里的孩子,在小的时候,已被发现有特殊的才干,那末,立刻就应该给他以适当之肥料、水分、阳光,使他欣欣向荣。

——(中)陶行知《陶行知文集》

孩子的兴趣之苗一旦破土而出，作为家长就要精心呵护，不要让其因“杂草”淹没而枯萎，更不要随意破坏它。因为兴趣可使一个人的智能得到最大限度、最持久的发挥。父母的支持对孩子兴趣的发展极为重要。

☞ 莫扎特

在法国巴黎一个音乐会上，一位7岁的幼童为一位著名的女歌唱家弹钢琴伴奏。幼童听她唱了一遍后，就能不看乐谱，自由地伴奏，从头到尾一点儿也不错，听众们惊叹不已。这位7岁的幼童就是奥地利作曲家莫扎特，是众所公认的“神童”，他的许多作品至今仍为经久不衰的上演曲目。

莫扎特的成就与父亲的悉心培养分不开。莫扎特出生在奥地利维也纳附近的一个小城萨尔斯堡，他的父亲叫列奥波里德·莫扎特，曾在大学里学过法律，由于有音乐才能，担任大主教宫廷乐师，是个优秀的小提琴手、作曲家和出色的乐队指挥。

在这音乐之家里，莫扎特从小受父亲的影响，常常出神地倾听父亲弹钢琴。他3岁时就显示出了非凡的音乐才能，能模仿父亲，按着钢琴键弹出和谐的音乐，也能弹出他姐姐所弹奏的乐曲中的片断。父亲知道，儿子尽管具有优秀的音乐素质，如果不经过严格的训练，也是成不了才的。所以，从4岁起，父亲就开始教莫扎特弹钢琴和拉提琴。

父亲开始教莫扎特音乐时很小心。本着循序渐进的原则，只教点儿简单的曲子。但莫扎特的接受能力非常强，许多曲子他听了一遍，就毫不费力地记住了。“这首小步舞曲是莫扎特在晚上十时，半小时之内学会的。这一天是他满5岁的前一天。”父亲在为孩子们所编的草稿本里，清楚地写下这句话。

5岁的莫扎特总是时常地看着父亲书写乐谱，开始学着作曲了。有一次，父亲和他的朋友走进莫扎特的房间，见这位金发蓬松的孩子趴在桌子上，正在五线谱纸上专心地写着什么。父亲随手拿起他写的东西一看，不禁吃了一惊，原来儿子在写钢琴协奏曲，而且写得完全符合规格。父亲故意逗他说：“你可知道，你这个曲子不能演奏啊!"

"我知道。"莫扎特生气地回答说,"哪个曲子在演奏前不要练习、修改呀?"父亲和他的朋友竟被孩子反问得说不出话来。由于父亲的熏陶,小莫扎特很小的时候就已经对作曲发生了浓厚的兴趣。他经常跟父亲到剧院去,父亲在指挥乐队演奏,他就躲在旁边认真地听,渐渐地也就熟悉一些舞曲了。父亲发现了儿子作曲的天赋之后,更加有意进行培养了。他不仅带儿子参加各种演出,还给他讲一些曲子的创作方法和原理,教儿子难度较大的作曲练习;对于一些名家的演出,即使是离家很远,他也要带儿子去看,使他从中学习一些东西。

最后,父亲索性放弃了宫廷乐师的职业,把全部精力都用于对孩子的音乐教育上,使莫扎特最终成为一名音乐大师,维也纳古典乐派代表之一。

☞ 达芬奇

达芬奇是欧洲文艺复兴时期的著名画家。他创作的《蒙娜丽莎》肖像画和《最后的晚餐》壁画是人们所熟知的名画。他画蛋的故事更是在世界各地广泛流传。而他所以能够成为一名画家,就在于他的父亲及时地发现了他的爱好,并为他发展绘画艺术创造了条件。

1452年,达·芬奇出生在意大利佛罗伦萨附近的芬奇镇。他的父亲是一名律师,名叫比埃罗。小时候,他的家里还比较富裕。母亲是一位贫苦的农妇,名叫特丽娜。达·芬奇出生后不久,父母离婚,母亲离开了他,他是在父亲的抚育下成长起来的。

儿童时代的达·芬奇,喜欢大自然的景色,经常攀登悬崖,并且对画画很有兴趣。有时,他独自一人坐在草丛中,用心地观察五彩缤纷的花草树木,饶有兴趣地描绘着那些花瓣和树叶的形状。他喜欢钻山洞,进去探索里边的秘密。他每次从山洞走出来时,身上弄得脏乎乎的,总要捉几个小动物出来,带回家里,仔细地观看,并且照小动物的样子进行描绘。开始画得有些四不像,但是,时间久了,他画的那些东西渐渐有了画意,镇上的人们都称他小画家。

有一天,邻近村上一位农民,拿着一块木板,来到镇上,交给了比埃罗，说：“请你家的小画家在上面画些东西。”比埃罗当即答应了，但不知是什么原因没有告诉儿子。过了一些天，达·芬奇发现家里有一块木板，就将它刨平，用锯锯成一个盾牌。盾牌做成之后，他看到上面什么也没有，不大好看，便想在上面画点画。画什么呢？他想来想去，就将自己最熟悉的小动物画了上去。画成后，他拿去给父亲看。父亲看到上面画的有蛇、蝙蝠、蝴蝶、蚱蜢，还有一些叫不出名字来的小东西。不仅数量多，而且结构合理，形象逼真。比埃罗高兴极了，心想孩子是不是真的有画画的天赋，他决心支持孩子去学习艺术，把孩子培养成为一名画家。

比埃罗十分重视名师的指导作用。为了使孩子取得名师的指导，1466年，他同儿子一起来到了佛罗伦萨。罗基奥是当地一位颇有名气的画家和雕刻家。比埃罗带着儿子找到了罗基奥，向他说明了来意，并将达·芬奇的简单情况作了一番介绍。罗基奥看达·芬奇既有画画的才能，又有学画的决心，就答应收下这个小徒弟。达·芬奇高兴极了。从此，他在画家罗基奥的具体指导下，并且在画师的画室里学习画画。通过勤学苦练，终于成为举世闻名的画家。他的绘画把科学知识和艺术想像有机的结合在一起，使当时绘画的表现水平发展到了一个新的阶段。

☞ 贝多芬

贝多芬早期的音乐才能并不像莫扎特那样表现惊人，有些音乐权威甚至断言贝多芬根本就不能成为一名作曲家。但是，贝多芬的父亲决意要把贝多芬培养成为莫扎特式的名作曲家，从小就对他进行严格的训练，当他发现自己已经教不了儿子时，又马上请了海顿等第一流的音乐家作贝多芬的老师。可以说，没有父亲那种执著的精神、严格的要求和脚踏实地的作风，是无法造就贝多芬这样一位集古典派之大成，开浪漫派之先河的音乐大师的。

☞ 戴尔

在戴尔15岁生日的时候，戴尔要爸妈给自己买部电脑，他们终于答应了。当他得到这个珍贵的礼物时，却迅速把它解体。当时一台苹果电脑的价格昂贵，父母急坏了，以为戴尔把电脑毁了，但戴尔不

过是想看看它到底是怎么运作罢了。

1981年，戴尔把注意力转向个人电脑。虽然他当时的商业经验并不算太丰富，但已知道个人电脑将是未来商业的最佳选择。

戴尔为了尽量吸收有关个人电脑的知识，他购买了所有可以加强个人电脑功能的配备，像容量更大的存储器、磁盘驱动器、更大的显示屏和更快的调解器等。他改装个人电脑的方式，其实就像别人改装车子以加强马力一样。改装之后，戴尔把电脑卖掉，获取利润，接着再改装另一台电脑。很快，他开始向批发商购买大量零件，以减低成本。

好运降临了。1982年的全美电脑大展于6月份在戴尔的家乡休斯顿举行，此时，戴尔已拿到驾照4个月了。那个礼拜戴尔逃了许多堂课去参加电脑展，让他眼界大开。

戴尔买进了又一批零部件，把他的电脑升级之后再卖给认识的人。戴尔知道如果自己的销量再多一些，就可以和那些大电脑公司竞争，而且不只是在价格上竞争。况且可以赚点小钱，以买高中生想拥有的东西。

戴尔心想：这里头有一大堆机会。他既兴奋又紧张，脑海里充满了问题：我所知道的事物有哪些可以运用？我需要学些什么？该如何学到这些事情？

在父母的主张下，戴尔进了大学。在离家上大学的那天，他开着用自己赚钱买来的白色小轿车去学校，车的后座载着三部电脑……

☞ **缪印堂**

著名的漫画大师缪印堂先生的漫画作品曾在10多个国家展出，他的科技漫画曾多次在国外获奖。几十年来，在漫画世界里，他以醉心的兴趣和创新的精神打造着他那一份其乐无穷的事业。他感激地说：“是父母的支持成就了我这份其乐无穷的事业。”

缪印堂小时候，有一阵子，他们的父母发现缪印堂每天放学回来都很晚，就开始悄悄地观察，原来，儿子就在他们家门口的小书摊上。看见儿子沉醉在小画书中的样子，妈妈不但不因为他晚回家而生气，反倒很高兴。从此以后，妈妈就特意多给一点零花钱让他租书看。得到父母的支持，缪印堂更觉得那个小书摊是他快乐的天堂。

小画书中，那刀光剑影、千姿百态的人物造型令缪印堂百看不厌，由此他喜欢上了搜集花花绿绿的糖纸和各种造型的火花。更让他醉心的是香烟盒里印有《水浒传》108将的小卡片，还有《红楼梦》、《西游记》里的人物画像。缪印堂说："其实现在在方便面里放的卡，就是跟那时学的。"从他那得意的神态里，你还能捕捉出他孩童时代盎然的兴趣。后来，他又喜欢上了搜集漫画。就这样，他在暖阳中搜集着快乐，也搜集着浓郁的兴趣。父母虽然不知道孩子搜集这些管什么用，但只知道孩子很快乐，而这又都是正当的爱好，既然是正当的爱好，那就支持。有时父母还帮他积攒，和他一块欣赏。虽然父母不懂如何开发孩子的兴趣，但他们能够很好地保护孩子的兴趣和爱好，这使缪印堂受益一生。

要是有人问缪印堂漫画创作时触动灵感的秘密武器是什么，他会自豪地说："小本本随身带。"的确，他喜欢用眼观察，喜欢动脑思考和喜欢动手记录，而这种良好习惯的养成是与父母的支持分不开的。

父母看到缪印堂经常把搜集来的画片贴在小本上，并在旁边空白处配上自己的插图，就毫不吝啬地为他买笔买纸买本子。对于漂亮的小本本，缪印堂总是爱不释手，他觉得除了贴画，还应写点什么，于是缪印堂开始动笔了。他喜欢观察人喜怒哀乐时的表情，爱琢磨人们的心理活动，然后把人们的心理活动通过他们的表情勾勒在自己心爱的小本本上。这种习惯一直保持着。

缪印堂初三的时候因病休学在家。于是，他以前搜集的糖纸、火花、卡片、漫画可有了用武之地，它们不但可供缪印堂欣赏，而且还可供他模仿，画上有什么他就画什么。"啊，画得跟真的一样！"在父母的赞扬声中，缪印堂似乎觉得病痛减轻了一些，而且越画越上瘾。就这样，一直到治好了病，他把各类人物的神态、表情描摹得惟妙惟肖了。有一次，他在一本《时事画刊》中，看到了有一个栏目叫"群众习作"，上面专门刊登工人、解放军、学生的漫画作品，这给了

他极大的诱惑。他开动脑筋，创作了三幅画，寄给了报社。没想到一投即中，漫画作品打响了第一炮，缪印堂的创作激情燃烧起来，从此一发而不可收。缪印堂一想起这段往事，眼睛里依然闪烁着兴奋的光芒。

1953年，缪印堂面临两个选择，一是报考大学，这对重点中学毕业的他来说不在话下，另一个是去北京的新华日报社做漫画编辑。眼中只有漫画的他一想到大学里没有漫画专业，就毅然决定跟着自己的感觉走，选择去做编辑。父母虽然也希望儿子上大学，然后找一个好的职业，可是，看到儿子对漫画的兴趣是那么浓厚，明理的父母也只好把自己的意愿深藏心底。因为他们明白一个浅显的道理，那就是：一件事，只有喜欢，才能做得持久；做得持久了，才能做出成效。事实上，这句话在缪印堂身上得到了验证。面对儿子的选择，他们只是送给儿子一句话："既然是自己选择的，就不要后悔。"于是，一个背着简单行囊的年轻人坚定而快乐地只身北上。他也因此走上了漫画艺术的漫漫征途，而且从来也没有后悔过。

从自己的成长经历中，缪先生有一种体会，他说漫画既可以给人带来快乐，也能带来智慧。他希望孩子们能够走近漫画，学会如何进行创造性思维，长大后，无论干什么，都能去创造性地工作。

☞ 李云迪

"肖邦国际钢琴大赛"堪称音乐界的奥运会，它是被国际音乐界认可的、世界上规格最高、演奏难度最大的比赛之一。其评委之挑剔与选拔之严格也表现在其宁缺勿滥的一面：曾有两届其第一名都为空缺。50年代的傅聪曾获该赛第三名，2000年，我国深圳选手18岁的李云迪一举摘取了15年来无人问津的金奖桂冠，也是华人首次获得该大赛金牌，更是比赛开办70多年来夺冠的最年轻的钢琴家。世界的目光顿时聚焦在这位18岁的青年人身上。

据李云迪的母亲张小鲁回忆，年轻时的她很喜欢舞蹈和音乐。在怀孕的时候，还经常听一些古典乐曲，《梁祝》是她放得最多的一首。李云迪降生后，似乎也继承了母亲对音乐的爱好。云迪出生后的音乐天赋很快显露出来，而且进步神速。1岁时的李云迪就能把一首

《回娘家》唱得绘声绘色。此外,他对各种乐器也情有独钟。1987年3月,5岁的李云迪从重庆到成都参加四川省少儿手风琴比赛,夺得了第一名,他体验到了人生的第一次掌声和成功。

李云迪7岁前弹大手风琴。伴随着他在音乐上的飞速长进,云迪的儿童手风琴也换成了120贝司的。琴的重量对一个不到7岁的孩子来讲自不用说。让云迪苦恼的是,重庆闷热的天气,常常使他几首曲子弹下来,稚嫩的前胸便热起了一片片通红的痱子。李云迪哀求妈妈:"能不能让我弹一个不重也不热的琴。"父亲嘴上不说什么,可心痛得要命,几经商量后决定:改学钢琴。

当时,李云迪的父母每月收入加起来只有200多元,买一架二手钢琴也要4000多元。李云迪的母亲说:"云迪他爸那年刚好从部队转业,有笔转业费,就全投到这里来了。"

云迪此时艺术天赋的展露似乎也是有意要来安慰父母的。他在重庆市少年宫刚刚学了3个月的钢琴,老师就对他的父母说:"这孩子领悟能力太强了,我都没法再教他了。"于是再换老师,可得到回答仍然如此。后来经朋友介绍,李云迪于1991年投到了四川省音乐学院附中著名钢琴教育家但昭义的名下。

但教授家在成都,李云迪和妈妈每天要往返于成都和重庆之间,学琴要紧,但功课更不能耽误,这是云迪母亲对他的要求。于是,坐在火车上写作业,手心上温习学过的汉字成了李云迪经常的功课。

俗话说,名师出高徒,但教授的出现,使李云迪逐渐从一个有天赋的琴童向钢琴王子迈进。

1993年,李云迪获得了重庆市首届少儿钢琴比赛第一名。1994年,他获得了全国青少年钢琴比赛第一名,同年,他还以第一名的成绩考进四川音乐轩辕附中。

1995年,但教授应邀到深圳艺术学校任教,李云迪是跟是留,已经关系到整个家庭的变动。父母毅然决定,但教授到哪,云迪就跟到哪。

也就是从这时起,李云迪的母亲张小鲁辞去了工作,专门来深

圳陪读，从此就没再找过工作。她说："我把陪儿子练琴当成了自己的事业，自己的追求。"

对于许多学钢琴的孩子来说，往往家长的毅力就是孩子的毅力。张小鲁说："我每次陪儿子练琴，都是非常非常用心地听。每天陪上五六个小时，我并不觉得累。我们既然选择了这条路，既然付出了精力，就应该对得起自己付出的一切。"也许正是张小鲁执着的性格，使得李云迪很佩服她，也很听她的话。

有一次周末，李云迪家里要来亲戚，他一听便高兴了，"正好今天不用练琴"，他央求妈妈。"定下的事情一定要做，不能轻易改变。"张小鲁严肃地对儿子说。于是，他们把活动时间往后推，云迪比平时提前一个小时开始练琴，提前完成了作业后，才高高兴兴地和家人出去玩。张小鲁觉得，和所有的小孩子一样，云迪需要大人的随时提醒。有些原则的事情是不能妥协的，否则一旦孩子形成了习惯，有些毛病就不容易改了。李云迪也很理解妈妈，"其实我妈管得对，只要我完成了每天的正常学习任务，看电视、打乒乓球这些我喜欢的事情，我妈从来不干涉我。"

可以说，李云迪的成功，父母的支持起了很大的作用。

25
“兴趣是最好的老师”

教育应当使所提供的东西让学生作为一种宝贵的礼物来领受，而不是作为一种艰苦的任务要他去负担。

——(美)爱因斯坦《培养独立思考的教育》

人们对有兴趣的事情往往容易全身心投入，最易见成绩；反之，则难得成就。

☞ **比尔·盖茨**

比尔·盖茨从进湖滨中学那间小计算机房的那一天起，计算机对他就产生了一种无法抗拒的魅力。15岁时，他就为信息公司编写过异常复杂的工资程序。1973年春，他被哈佛大学接受为学生，从此更是一发不可收拾，经常在计算机房通宵达旦地工作。进入80年代后，IBM开始寻求合作伙伴，在与盖茨交谈了5分钟后，IBM的人认为这是与他们打交道的最出色的人物之一。此后，盖茨为自己写下了更引人瞩目及有趣的故事。

☞ **李时珍**

明代大医学家李时珍的父亲李言屡试不第，于是将仕进的希望寄托在李时珍的身上，而李时珍对八股文不感兴趣，对医学特别酷爱。可是在“父权”时代，儿子只好从命，攻读八股文，结果三次科考不中，时已24岁。李时珍感到再也不能虚掷光阴了，说服父亲同意他弃文从医，终成大医学家。

爱因斯坦说过：“兴趣是最好的老师。”古人亦云：“知之者不

如好之者，好知者不如乐之者。”作为家长不要忽视兴趣对孩子成长的巨大作用。

卡尔·威特有一个教育原则，就是“教育不能强迫”。不管教什么，他总是先努力唤起孩子的兴趣，只有在孩子表现出强烈的兴趣时，他才开始教。他教孩子读书时，先给小威特买来小人书和画册，绘声绘色地讲给他听，并且说：“如果你认识了这些字，你就能明白这些故事了。”他用这种方式来激发威特的好奇心，或者干脆不讲给他听，只告诉他：“这个画册上的故事非常有趣，可是爸爸没时间给你讲。”这样一来，威特就有了一定要识字的想法。这时，老威特就不失时机地教他识字。

孩子的学习能力可以从两个方面来说，一方面是指智力，就是通常所说的聪明与否，这种能力有一定的先天性，后天的环境与培养则会激发一个人内在的潜能；另一方面是指会学习，能掌握科学的学习方法和策略，在学习过程中会进行有效的自我控制，并养成良好的学习习惯，这种能力来自后天的锻炼、获得与积累。**而兴趣可以说是孩子培养学习能力最强有力的动力，有了兴趣，就有了学习的渴望与积极性，就有了自觉学习的可能，就有可能持之以恒，并且从中体验到快乐。这时就变“要我学”为“我要学”了。**

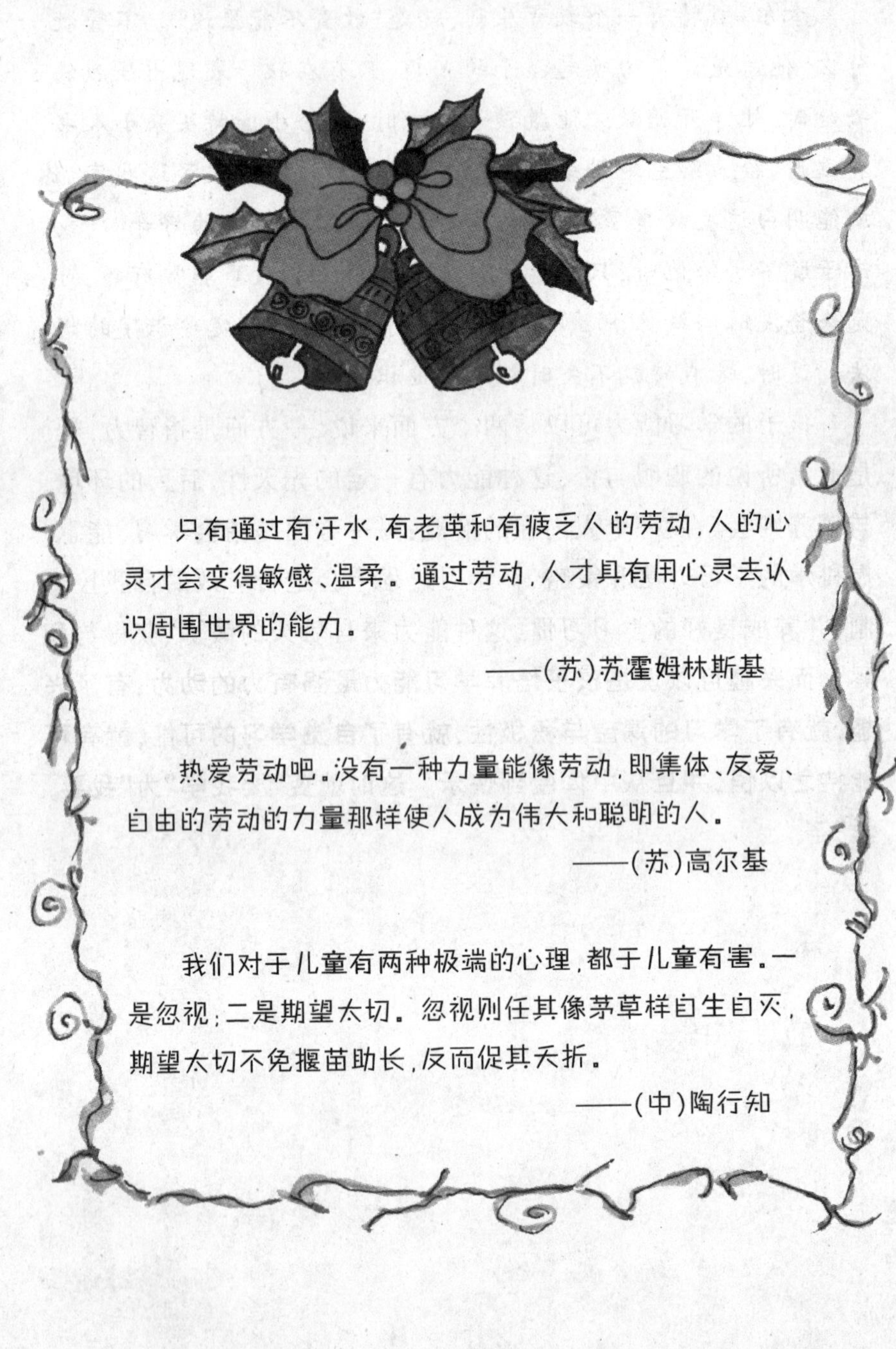

只有通过有汗水，有老茧和有疲乏人的劳动，人的心灵才会变得敏感、温柔。通过劳动，人才具有用心灵去认识周围世界的能力。

——(苏)苏霍姆林斯基

热爱劳动吧。没有一种力量能像劳动，即集体、友爱、自由的劳动的力量那样使人成为伟大和聪明的人。

——(苏)高尔基

我们对于儿童有两种极端的心理，都于儿童有害。一是忽视；二是期望太切。忽视则任其像茅草样自生自灭，期望太切不免揠苗助长，反而促其夭折。

——(中)陶行知

第07章

让孩子不断地感受、求知，以不断进步来要求自己

作为父母之责的教育似乎具有特别大的权力，因为孩童时期的无知和缺陷需要加以约束和纠正，这是一种看得见的统治权的行使，是一种统辖权。

——(英)洛克《政府论》(下篇)

26 让孩子触摸可能的世界，获得丰富的感受

如果老是由你去指点他，老是由你告诉他“来呀，去呀，休息呀，做这个，不做那个呀”，结果，你用这个方法的确是会使他变成一个傻子的。如果你的头脑常常去指挥他的手，那么，他自己的头脑就会变得没有用处。

——(法)卢梭《爱弥儿——论教育》(上卷)

有人说，孩子刚出生就是一张白纸，看你打算往里面涂什么……孩子来到这个世界，天然地渴求新的感受、知识和哲理。当你认真开发孩子的智力时，就深深的体会到：孩子有自己独特的想像、思维、创造力，每个孩子身上蕴藏的难以计量的智能，亟待我们去发现。

中国科学院谈家桢院士晚年回忆往事时曾说：“我记得，儿时的我喜欢爬树；在树上，我可以尽情地观察大自然。江南的青山绿水，蝉唱蛙鸣，在我的脑海中留下了深刻的印象，这对我日后攻读生物学，不能不说有潜移默化的影响。”“我小时候常对着镜子问自己：‘我是怎么变出来的？’‘人又是从哪里来的？’这种带着好奇心的企求认识自身的思想萌芽，每每诱发着我的想像。”

自从孩子呱呱落地，就在不断地感知周围的事物。五彩的气球，会唱歌的转转熊，以及家中的家具、物品等。感知是孩子们认识客观世界的开始，对孩子的智力发展是至关重要的。

家长应该多给孩子提供感受世界的机会，让孩子的感觉器官

充分接收外界信息，积累认识客观世界的实践经验，为进一步开发智能打下良好的基础。

贝时璋是我国著名的细胞生物学家、教育家、科学活动家。贝时璋小时候很少出自家的门，直到他3岁时，才由长辈领着到村里的祠堂看了一看。没想到，他对祠堂门口石狮子嘴里的圆球产生了兴趣，他禁不住地想：这圆球既能滚动，又不掉出来，这是怎么回事呢？贝时璋琢磨了半天，也没弄明白其中的道理……

一次，阿爸带贝时璋母子俩到上海办事，一路上，贝时璋看到许多以前从未看过的事情。他看见了拉纤人，看见了船老大把橹摇得飞快，看到了乡下从未有过的名字叫"江天火轮"的大船。贝时璋感到奇怪的是：没有拉纤人和船老大，这船怎么会动呢？船舱里有一盏灯，没有灯油，灯怎么就能亮了呢？对这些疑问，贝时璋百思不得其解……

到了上海，贝时璋看到了许多新奇古怪的事，他坐的黄包车与乡下的独木车不同，黄包车是人在前面拉，独木车是人在后面推；他看到小叔给他买的狗头帽、老虎鞋上的图案与乡下的不同，他在繁华的南京路看到商店橱窗有个木头的、黄头发，而且会自己转动的"洋模特"。贝时璋呆呆地站住了，他不明白这个木头人怎么会自己转动……

贝时璋还在堂姑妈家看到真正的电灯，这电灯依靠"扳头"，一上一下扳动使它一亮一灭。贝时璋呆呆地望着电灯想，乡下要有这玩意儿就方便多了……

短短的上海之行，贝时璋大开眼界，他心中涌起无限的遐想。上海之行开启了他心中好奇与探索之门……

如果孩子对外面的世界一点儿也不了解、不熟悉，即使智商很高，也是不会有什么能力的。**家长要根据孩子的年龄大小和生活环境，经常利用节假日带领孩子接触各种新鲜事物。**在农村的，可带孩子去城市，让他们认识认识城市的建筑、交通等设施；在城市的，可带孩子去农村走走，让他们认识农作物、家畜家禽，感受田园风光，了解花鸟草虫等。

一个人认识事物越多,想像的基础就越宽广,就越有可能触发新的灵感,产生新的想法。那种只想把孩子关在家里,只想让孩子写字、画画、背诗的方法,只会把孩子培养成书呆子,绝不可能培养成有创新能力的人。

27 在经过世界的每一个地方时,给孩子讲那里的知识

儿童无论发出什么问题,你不可制止他,不可羞他,也不可使他受到讥笑;你应答复他的一切问题,解释他所想要明白的事物,按照他的年龄与知识的能量,使他尽量懂得。

——(英)洛克《教育漫话》

歌德出生于莱茵河畔的法兰克福,是家中惟一的男孩子,父亲对他寄予厚望。当歌德还是婴儿时,父亲就抱着他去散步,还经常跑到郊外呼吸新鲜空气,有意识地让他多接触自然。在路上,父亲总是耐心地给歌德讲解遇到的各种事物,培养他的观察能力和认识能力,使歌德获得不少自然知识,歌德小小年纪便知道许多植物和动物的名称和生性特点。

后来歌德专门研究过自然科学,曾发现人类鄂间骨,并撰写了有关植物形态学和颜色学的论文。歌德一生,始终保持着对自然科学的浓厚兴趣。

歌德稍大一些,父亲带他到各地旅游,每经一处,父亲总是讲讲当地的历史、风土人情。如果旧地重游,要求歌德将所知内容复述一遍,以加深记忆。旅游使歌德开阔了眼界,增长了见识。

带孩子出游,无疑给了孩子一个开阔眼界,学习新知识的好机会。但现实中常常有这样一些家长,在途中每到一个地方,都是抱怨没意思。这种处事态度根本无法教会孩子什么知识。可事实上,出游能让孩子学会书本上所学不到的东西。往往看似随意学来的知识却能成为孩子永久的记忆。

让孩子了解自然,教他们如何辨识花草树木,虫鱼鸟兽。例如在欣赏植物时,对不同的花和不同的树要提醒孩子区分。观看动物也同样如此,以培养他们比较与鉴别的能力。

家长最好事先掌握一些目的地的资料,结合当地的实际景观给孩子讲述相关的地理历史知识。对一些名胜古迹,可让孩子注意建筑物的形体特征,比例和色彩等,并让其懂得,这些壮观的建筑和秀丽的风景,是人们用智慧和辛勤劳动创造出来的,以此培养他们的爱国主义思想和对创造活动的向往。

参观和游览时,应该边走边与孩子谈话。看到什么,就给孩子讲什么。发现孩子对某些事物发生兴趣,就针对那些事物进行恰如其分的知识教育。一方面增长了孩子的知识;一方面又锻炼了他们的语言能力,因为在这个过程中他们可能会接触到很多生词和习语。家长还可以根据周围环境,教孩子背古诗、讲故事,寓教于乐。

比尔·盖茨出生于律师和教师之家,他的父母非常注意盖茨的智力开发和培养。盖茨三四岁时,母亲外出总是把他带在身边,当她在学校里向学生讲解西雅图的历史和博物馆的情况时,盖茨总是坐在全班最前面,尽管盖茨是个好动的孩子,但在教室里他表现得比其他学生还要专注、认真。

做父母的要多学点知识,才能正确地回答孩子提出的问题,满足其好奇心。正确鼓励他们观察、思考和发问,使其感到和父母一块出去参观、游览能增长知识,是一件愉快而高兴的事。

28
经常提问题，启发孩子思考和憧憬

当人燃起创造之火的时候，这种火光好似能从内部照亮他的面容、眼睛以及他的一举一动，从而使外在美在理智和智慧这些内在美的作用下，而更富有神采，更显高尚。哪里有了这种美，哪里就会有自豪感。

——(苏)苏霍姆林斯基《帕夫雷什中学》

理查德·J·罗伯茨1943年出生在英国。他在一所教区小学和斯蒂芬森初级中学接受基础教育。1960年，考入谢菲尔德大学化学和有机化学专业。1969年进入哈佛大学。因发现断裂基因，1993年荣获诺贝尔生理学或医学奖。

罗伯茨从8岁到11岁，在英格兰贝斯的一个教区小学上学。那是一个很小的学校，按年龄分为四个班级，每班大约有25名孩子，一般都是由一个老师负责教每个班级的全部课程。但是校长罗纳德·布鲁克斯偶尔也会到班里来上大约一个来小时的课，讲授一些他特别感兴趣的课程。

罗伯茨发现校长对他很感兴趣，并且很快就知道他喜欢钻研问题，校长经常在他进教室的路上拦住他，从口袋里掏出一张纸条给他，上面通常写着有关数学和逻辑学的小问题。随着时间的推移，题目越来越难，罗伯茨很喜欢它们。不仅如此，这些小纸条还点燃了他对数学和探索问题的热爱，这种热爱一直保留在他的身上。当他找出正确的答案时，他会觉得这种智力活动是值得一

做的，或许更重要的是，那是一种巨大的乐趣。

罗伯茨说：“直到现在，我还能回想起每当我答对了问题时，校长都非常高兴。我与这位我很钦佩的人的质朴交往，对我一生有深刻影响，我将永远怀念我们一起走过的道路。”

愿意思考、喜欢探索是孩子的一种天性。每个健康的孩子都会这么做的。但是，有些孩子渐渐地对事物探索的兴趣减少了，到了上学的年龄，他们不爱学习，又是为什么呢？究其原因，恐怕同父母平常很少对孩子提问有关。父母经常给孩子提一些的问题，可以启发孩子思考和想像。

在科学史上，许多重大的发明和发现都同科学家小时候的问题有关。水开时，将壶盖顶起来的现象，引起了童年瓦特的好奇，这才有了日后的蒸汽机，才有了工业革命的迅猛进程。可见，问题对孩子的成长是多么重要。

20多年前，一篇轰动全中国的报告文学《哥德巴赫猜想》，使得一位数学奇才一夜之间街知巷闻、家喻户晓。在一定程度上，这个人的事迹甚至还推动了一个尊重科学、尊重知识和尊重人才的伟大时代的早日到来。他的名字叫做陈景润。

陈景润在学校遇到了他自谓是终身获益匪浅的名师沈元。沈元上课，常常结合教学内容，用讲故事的方法，深入浅出地介绍名题名解，轻而易举地就把那些年幼的学童循循诱入了出神入化的科学世界，激起他们向往科学、学习科学的巨大热情。

这一天，沈元教授就兴致勃勃地为学生们讲述了一个关于哥德巴赫猜想的故事。

“我们都知道，在正整数中，2、4、6、8、10……，这些凡是能被2整除的数叫偶数；1、3、5、7、9，等等，则被叫做奇数。还有一种数，它们只能被1和它们自身整除，而不能被其他整数整除，这种数叫素数。“

像往常一样，整个教室里，寂静地连一根绣花针掉在地上的声音都能听见，只有沈教授沉稳浑厚的嗓音在回响。

“二百多年前，一位名叫哥德巴赫的德国中学教师发现，每个不小于6的偶数都是两个素数之和。譬如,6=3+3,12=5+7,18=7+11,24=11+13……反反复复的，哥德巴赫对许许多多的偶数做了成功的测试,由此猜想每一个大偶数都可以写成两个素数之和。”

沈教授说到这里,教室里一阵骚动,有趣的数学故事已经引起孩子们极大的兴趣。

“但是,猜想毕竟是猜想,不经过严密的科学论证,就永远只能是猜想。”

这下子轮到小陈景润一阵骚动了,不过是在心里。

该怎样科学论证呢？我长大了行不行呢？他想。

“后来,哥德巴赫写了一封信给当时著名的数学家欧勒。欧勒接到信十分来劲儿，几乎是立刻投入到这个有趣的论证过程中去。但是,很可惜,尽管欧勒为此几近呕心沥血,鞠躬尽瘁,却一直到死也没能为这个猜想作出证明。”

“从此,哥德巴赫猜想成了一道世界著名的数学难题,二百多年来,曾令许许多多的学界才俊、数坛英杰为之前赴后继,竞相折腰。”

教室里已是一片沸腾,孩子们的好奇心、想像力一下全给调动起来。

“数学是自然科学的皇后，而这位皇后头上的皇冠，则是数论,我刚才讲到的哥德巴赫猜想,就是皇后皇冠上的一颗璀璨夺目的明珠啊！”

沈元一气呵成地讲完了关于哥德巴赫猜想的故事。同学们议论纷纷,很是热闹,内向的陈景润却一声不出,整个人都“痴”了。这个沉静、少言、好冥思苦想的孩子完全被沈元的讲述带进了一个色彩斑斓的神奇世界。在别的同学啧啧赞叹、但赞叹完了也就完了的时候,他却在一遍一遍暗自跟自己讲:

“你行吗？你能摘下这颗数学皇冠上的明珠吗？”

一个是大学教授,一个是黄口小儿。虽然这堂课他们之间并没有交谈,但又的确算得上一次心神之交,因为它奠就了小陈景润一个美丽的理想！

多年以后，陈景润从厦门大学毕业。几年后，被著名数学家华罗庚慧眼识中，调入中国科学院数学研究所。自此，在华罗庚的带领下，陈景润日以继夜地投入到对哥德巴赫猜想的漫长而卓绝的论证过程之中。

1966年，陈景润在中国《科学通报》上告知世人，他证明了(1+2)！1973年2月，陈景润再度完成了对(1+2)证明的修改。其所证明的一条定理震动了国际数学界，被命名为“陈氏定理”。

不知道后来沈元教授还能否记得自己当年对这帮孩子们都说了些什么，但陈景润却一直记得，一辈子都那样清晰。

孩子们都喜欢听故事，常常听得心驰神往。**讲有启发性的故事给孩子听，同时提一些问题，是使孩子有效发挥思考和想像力的机会。**故事中引人入胜的情节打动了孩子的心，在这种情况下，孩子就会很自然地张开思考和想像的翅膀。

29

认真对待孩子的问题，认真回答孩子的问题

好问心这件事，在儿童方面是为启迪知识的关键，从儿童的父母和教师方面，是为施教的钥匙。

——(中)陈鹤琴《陈鹤琴教育文集》(上卷)

鲁迅说：“孩子是可以敬服的，他常常想到星月以上的境界，想到地面以下的情形，想到花卉的用处，想到昆虫的语言；他想飞上天空，他想潜入蚁穴……”鲁迅记得自己读私塾时，曾问先生什么叫“怪哉”，先生的回答是“不知道！”他绝不愿意海婴也遭受这

种不能问和不敢问的冷遇,他总是启发海婴提问。

海婴稍大,开始用童心探索世上的奥秘时,就用一串串的问题去打扰父亲了。海婴的问题尽管是幼稚荒唐的,可有的问题却大胆地触及了世界的本源。对这一切,鲁迅总是含笑地倾听着,耐心地解释着,尽量不使海婴失望。有一次,海婴问:"爸爸,侬是谁养出来的呢?"

"是我的爸爸妈妈养出来的。"

"你的爸爸妈妈是谁养出来的?"

"是爸爸妈妈的爸爸妈妈养出来的。"

"爸爸妈妈的爸爸妈妈,一直从前,最早的时候,人从哪里来的?"

这就追寻到物种起源了。鲁迅告诉海婴,是从子—单细胞—来的,但海婴还是咬住不放:"没有子的时候,所有的东西都从什么地方来的?"这问题不是几句话可以说清楚的,也不是一个五六岁的幼小心灵所能理解的,于是鲁迅就对海婴说:"等你大一点读书了,先生会告诉你的。"这才使这场"人从哪里来"的追问暂时停止。

鲁迅毫不吝啬把自己的闲暇用来回答海婴没完没了的问题,而小海婴正是通过"问"得到了许许多多的知识,也识了不少的字。一次幼稚园考试,小海婴得了第一名,回到家里,得意地对父亲说:"爸爸,你如果字写不出来,只要问我就是啦!"鲁迅看到自己播下的知识种子已在小海婴的心田里萌芽了,高兴得连声答道:"好的,我一定来问你。"

孩子心中有许多问题需要揭开,家长要认真地回答孩子提出的问题,帮助孩子解决许多心中的疑团。孩子对周围的事物都感到新鲜有趣,上至云电风雨、日月星辰,下至海洋生物、河流山川,他们什么都想知道并且认为家长什么都知道。于是从会说话起,就不管家长有事没事,缠着提些稀奇古怪或被家长看来根本就不值一提的问题,家长对孩子提出的这些问题一定要正确对待,切莫等闲视之,甚至批评不该提这有时连大人也说不清道不明的问

题。实际上这种好奇好问的天性说到底就是一种渴求知识欲望的“幼芽”,且这株幼芽是十分娇嫩和脆弱的。如果家长保护不当,就会使之遭到摧残、甚至被扼杀。

犹太人认为,一般的学习只是一种模仿,而没有任何的创新。学习应该以思考为基础,而思考是由怀疑和问题所组成的。学习便是经常怀疑,随时发问,怀疑是智慧的大门,知道得越多,就越会产生怀疑,而问题也就随之增加,所以发问使人进步。犹太人家庭由此特别注重与孩子的思想交流。孩子们可以同成人谈话和讨论问题,偶尔成人还会同孩子们缠个没完,意在引导他们投入到学习与研究上去。

有些父母由于工作、家务太忙会感到精力疲乏,当孩子不停地向他们问为什么时,就常用不耐烦的口吻对孩子说:“别烦了,自己玩一会儿。我忙着哪!”孩子的积极性受挫,久而久之,就不再喜欢提问了。

有些父母认为孩子小,没必要告诉他那么多、那么细,告诉他他也不懂。于是,往往三言两语打发了孩子,或用糊弄的态度支吾过去。孩子虽然尚不懂事,但他们也能从父母的态度上感觉到妈妈和爸爸对他的做法是否赞同。父母总是敷衍,孩子的热情就会减退。

有些父母认为,孩子的提问不好回答或自己也不知道答案,但编一个谎话欺骗孩子。但孩子对于父母的话总是很信服的,他会将答案当成真理。父母要认识到,孩子的大脑好比一张洁白的纸,正确的事物会在上面留下画痕,错误的事物也会在上面染上印迹。我们又怎能不留心呢?

所以,当孩子提问时,我们首先应持鼓励的态度,回答时要尽可能地简明、准确、浅显易懂。孩子对事物往往是从具体的、自身的、直观的角度来认识和理解的。因此,要想给孩子讲清一个问题,回答时就要从这些范围进行。比如,孩子看到一块冰,放在屋里,一会儿没有了,便会产生疑问。我们不妨给他做一个小试验:从冰盒中取出一块冰,在炉上加温,一会儿,冰化成了水,告诉他,从冷到热，冰就化了。随着水温继续升高，一会儿水开了，让孩子看水蒸汽，再过一会儿，一小块冰就蒸发干了，告诉孩子水变成了蒸汽飞跑了。孩子就会明白为什么了。

在孩子打破砂锅问到底时，如果父母真的很忙，可以告诉孩子，我现在很忙，等会儿告诉你。如果父母被“考”倒了，最好是翻翻书，寻找答案。对于一时解释不清的问题，也不要羞于告诉孩子不知道，并可以就这个问题和孩子一起去问别人或查阅书籍。孩子大一些后，自然就会养成查书的好习惯。

提问是孩子求知欲的表现形式。**在生活中父母不仅要认真地回答孩子的提问，还要适当地启发提问，也可对孩子的问题进行深一步的发问，以引导孩子思考，使其掌握学习方法。**当孩子在你的诱导下自己得出答案后，他会高兴得又叫又蹦，在欢快兴奋的同时，他也有了自信心，有了成就感。这自信心将伴他长大成人，伴他一生。

30

让孩子养成爱读书的品质

假如我们希望任何人有德行，我们就应在他的少年时期训练他；假如我们希望他在追求智慧方面得到巨大的进展，我们就应从婴儿时期就把他的能力领向这个方向，因为那时欲望正在沸腾，思想正很迅捷，记忆正很牢固。

——(捷)夸美纽斯《大教学论》

欧阳修4岁丧父，家境贫困，全仗母亲郑氏做针线活挣下的

钱糊口，连吃饭都成问题，家里拿不出钱来给他买纸买笔。欧阳修在街上看到邻家的孩子都背着书包上学去了，心里很羡慕，要求母亲也让他上学去。

郑氏听了孩子的话，又喜又愁，喜的是孩子有那么强烈的学习愿望，愁的是自己实在无力满足孩子的合理要求。一天，她终于想出了一个办法。郑氏在家门口的一块平地上铺了一层细沙，又折来了一根荻杆，把孩子叫到跟前说："你用沙作纸，用荻杆当笔，不管你写多少字或画多少画都是用不完的。"小欧阳修听了高兴极了，蹲在这层沙土边上，用荻杆在沙土上不停地描划，写了一阵后，把沙抹开，又重新写了起来。就这样，欧阳修在母亲的指导下认了很多字，学会了写诗作赋。

今天，许多家长仅是重视孩子身体所需要的营养，牛奶、巧克力、娃哈哈、果奶果茶……应有尽有，而忽视了孩子的"精神营养"。孩子肚子饥饿时会大喊大叫，家长马上拿来精美可口的食品让孩子吃；而孩子的精神饥饿，则是不知不觉的，家长很难发现，因而也就被忽视了。

茅盾20岁时初出茅庐，到人才济济的上海商务印书馆工作。一个清末就是商务编译所任职的高级编译孙毓修，看茅盾在读《困学纪闻》大为惊异，便问："你喜欢考据之学?"茅盾答道："谈不上考据之学，我是个'杂'家而已。"孙更惊异，便问茅盾读过什么书。茅盾说："涉猎所及有十三经注疏，先秦诸子，《史记》、《汉书》、《后汉书》、《三国志》、《汉魏六朝百三家集》、《昭明文选》、《资治通鉴》……"最后，茅盾补充说："不过，我这些'杂'学，不尽来自学校，也来自家庭。"孙恍然大悟，喟叹不已。

茅盾虚岁5岁那年，父母就商量给儿子启蒙。当时，茅盾家里设有家塾。茅盾的三个叔父及二叔祖家的几个孩子由茅盾的祖父教授。茅盾祖父教书不认真，有时学生来了，他自己却去会友或打牌，而且教的是《三字经》《千家诗》一类的书，所以茅盾父母想茅盾进家塾，得不到严格训练，养成不良习惯，便决定自己来教儿子。他们挑选了上海澄衷学堂的《字课图识》《天文歌略》《地理歌略》为教材，还根据《史鉴节要》用文言编成一节一节的歌诀作为历史读本，由茅盾母亲施教。每当母亲讲述历史故事或中国古典小说时，茅盾都听得津津有味。这些早期的熏陶，对茅盾形象思维的形成起了重要的作用。同时，"新学"中的资产阶级科学民主思想和母亲开明、通达、关心国家大事的思想也深深浸润着茅盾幼小的心灵。

今天，不少家庭中孩子对图书、画册的拥有量是相当低的，有的家庭甚至没有一本可供孩子看的画书。这无论是对孩子本人还是我们全民族来讲，都是件值得深思的事情。

犹太人从小就知道希勒尔的故事。少年的希勒尔很穷，他拼命地工作，将得到的钱一半送给守门人，以求进入学校的院子听课。可是后来他连一块面包都吃不上了，守门人再也不让他进入学校的院子。他就悄悄地爬上屋顶，躲在天窗上听课。一个冬天，学生们发现，天空是晴朗的，可是教室却是阴暗的。原来，是希勒尔躺在屋顶的天窗上，他已经冻僵了。今天的犹太人有句成语："你比希勒尔还穷么？你比希勒尔还缺少时间吗？"

对孩子来说，知识是最可靠的财富，是惟一可以随身携带、终身享用不尽的资产。在犹太人家里，小孩子稍微懂事，母亲就会翻开圣经，滴一点蜂蜜在上面，然后叫孩子去吻圣经上的蜂蜜。这仪式的用意是，书本是甜的。犹太人家庭还有一个世代相传的传统，那就是书橱要放在床头。要是放在床尾，就会被认为是对书的不敬。联合国教科文组织 1988 年的一次调查表明，在以犹太人为主要人口的以色列，14 岁以上的人平均每月读一本书；在人均拥有图书和出版社以及每年人均读书的比例上，以色列超过了世界上任何一个国家，为世界之最。

书是知识的载体，是精神食粮，好书能开阔人们的眼界，增长知识，启迪思维，陶冶情操。

☞ **比尔·盖茨**

比尔·盖茨从小酷爱读书，尽管他是个孩子，但他喜爱读成人的书。在自己的家里，他可以随意翻阅父母的藏书。他 7 岁的时候，最喜

欢读的书是《世界图书百科全书》,他经常几个小时地连续阅读这本书,一字一词地从头读到尾。小盖茨的父母还尽可能地给他提供各种机会,让他增长见识,丰富自己的生活经验。当他逐渐长大时,父母鼓励他参加童子军的野营活动,在与其他孩子的相处中,小盖茨得到了友情的满足。

☞ **爱因斯坦**

爱因斯坦自幼养成了爱读书、爱思考问题的好习惯。有一段时期,他对《大众物理科学丛书》这本通俗科学读物着了迷,无论走到哪里,都要把这本书带在身边,时时翻阅。正是这本书,不但使爱因斯坦破除了宗教权威的迷信,而且引导他立下了探索自然奥秘的宏图大志。在少年爱因斯坦的身边,还总是带着一个小笔记本,那是为随时记下灵感的火花而用的。

保证孩子"精神食粮"的需要,是家长应重视的现实问题。**真正疼爱自己孩子的家长,要创设各种条件和机会让孩子喜欢书,爱看书,让书成为孩子的好朋友。**

31

让家成为一个"适宜学习的环境"

家庭的智力气氛对于儿童的发展具有重大的意义。儿童的一般发展、记忆,在很大的程度上取决于:家庭里的智力兴趣如何,成年人读些什么,想些什么,以及他们给儿童的思想留下了哪些影响。

——(苏)苏霍姆林斯基《给教师的建议》(上卷)

在我国的古代，渴求知识、勤奋学习的故事很多。西汉匡衡的凿壁借光，晋代车胤的萤火代灯，宋代司马光的枕警苦读，元代王冕的放牛听读等等，千百年来，一直是激励孩子好学上进的楷模。世界上类似的例子举不胜举。这些生动的事例对孩子有一定的激励作用。而更重要的是，循着那些天才人物的足迹，可探寻培养孩子求知欲的有效途径。

被人们誉为“生理学无冕之王”的巴甫洛夫，他的成才是从一个破书架起步的。巴甫洛夫的父亲是一个穷教士。但他却喜欢非宗教神学内容的书刊，其中有各种自然科学的著作，也有民主主义者的革命刊物，为此，巴甫洛夫的父亲被当地的教徒教士们指责为“自由思想家”。父亲的嗜好给孩子树立了榜样。父亲的破书架成了巴甫洛夫接触社会与自然知识的起点。巴甫洛夫的父亲经常要求巴甫洛夫看书，并且要求每本书读两遍，读后要能够提出问题，思考答案。十三四岁时，巴甫洛夫在家中的破书架旁广泛阅读了俄国的许多进步书刊，使他的知识大增，眼界大开，思想上也发生了很大的转变，他开始怀疑宗教神学而崇尚自然科学与民主精神。

巴甫洛夫 15 岁时在旧书架上翻到了英国生理学家路易士的一本著作《日常生活的生理学》，这本通俗读物中的内容深深吸引了少年巴甫洛夫，激起了他对生理学的极大兴趣。从此，巴甫洛夫便和生理学结下了不解之缘，他将那本小册子像藏宝贝一样珍藏了一生。巴甫洛夫在晚年总结自己所走过的道路时，常常带着感激的心情回忆起父母对他的培养与教育。他说：“我总是感激我的父亲与母亲，他们教会我过简单朴素的生活，使我有可能受到高等教育。”

家庭要创设一个有利于学习的“环境”，包括用于学习的书桌书架，一定数量的藏书、报刊、电脑等。如果条件许可，有一间专用书房则更好。家长要确立终身学习的理念，带头学习，热爱学习，有自主的学习动机、学习内容和学习成果。还包括家长向孩子学习，与孩子共同学习、相互学习，亲子关系和谐，有效沟通。家人合

理配置时间,共同分享学习成果。家长要提高家庭的文化含量,营造亲子之间、夫妻之间共同学习、相互学习、相互理解、相互支持的家庭情感氛围。

学习,是一个家庭成员共同学习、共同成长的过程。家庭成员之间的学习不是孤立的,各管各的,而是双向互动的,互相补充的。每个家庭的学习需求是丰富多彩的,学习的模式也是多姿多彩的。通过学习,家庭成员能获得精神生活的充实和享受,提高生活的质量。

幼时因急中生智破缸救人的宋代历史学家司马光,千百年来被人们视为慧光早现的"神童"。其实,司马光的成长与他父母对他的家庭教育是分不开的。

司马光的父亲司马池是一位胸怀大志的知识分子,他没有沉湎于几十万家产之中,而是专心读书,锐意进取。在成家立业之后,以做学问的认真态度和质朴做法,来待人处事,事政治家,培养子女。司马光的母亲聂氏,也是一位知书达理,才德俱佳的女子。宋天禧三年,司马光就诞生在这个书香门第和贵胄之家,在严父慈母的直接影响和教育下,度过了自己的少年时代。

司马光六岁开始读书。起初,他对所学的东西不能理解,背书也记不住,往往都是同窗们都背会了,他还没背出来。父亲知道了,就告诉他:读书不能只是机械地背诵,还要勤于思考,弄懂意思,诵读与理解并重。于是,别人做游戏时,他不去,一个人找个清静的地方苦苦攻读,直到把书背得滚瓜烂熟为止。很快,他的学业进步了。对学习的兴趣也越来越浓厚。第二年,他开始学习《左氏春秋》,书不离手,句不离口,刚听完老师的课,他就能够明白书的大意,便讲给家里的人听。渐渐地像着了迷一样,常常因学习忘了吃饭睡觉。

在父母的教诲下,司马光到了15岁,便"于书无所不通,文辞醇深,有西汉风"。而且,学到的知识都很扎实,以至"终身不忘"。后来,他经过19年努力,终于完成了篇幅浩翰、纪事广博的编年巨著《资治通鉴》。

在一个家庭，孩子固然是学习的主体，但父母更是学习的主体。家庭应该成为一个学习的团队，父母爱学、善学、乐学便是一种健康的“基因”，爱学习的家庭是一种健康的家庭形态。

当然，不同家庭的父母对学习的需求是多元的、多层次的。当前家庭的学习和家庭生活的界限正愈来愈模糊，家庭中的学习内容 30%在书本，70%来自于生活。在终身学习社会中，学习已成为家庭生活中不可缺少的组成部分，家庭的生活方式决定了孩子对学习的态度。

其实，从孩子呱呱落地那天起，作为孩子的父母，作为孩子的教育者，同时又是一位学习者，双重角色和双重义务在同一时间落在父母的身上。**父母教养孩子的过程，本身就是亲子共同学习、相互学习、一起成长的过程。**在现代高科技面前，父母与孩子都处在同一起跑线上，如果父母不学习便难以成为孩子称职的家长。父母的学习——孩子走向成功的沃土，家庭走向幸福的摇篮。

父母只有带头学习，才能为孩子营造良好的学习氛围，为孩子的成长和发展提供健康的“基因”。

32

告诉孩子：“真理和智慧”比“财富和权力”重要

我们对于儿童有两种极端的心理，都于儿童有害。一是忽视；二是期望太切。忽视则任其像茅草样自生自灭，期望太切不免揠苗助长，反而促其夭折。

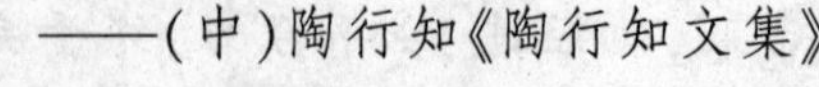
——(中)陶行知《陶行知文集》

中央电视台《对话》节目曾邀请中美两国即将进入大学的高中生参与。其中，美国的12名高中生都是美国总统奖的获得者，国内的高中生也是被北京大学、清华大学、香港大学等著名大学录取的优秀学生。节目中中美学生表现的强烈对比，令人震撼。

主持人在价值取向的考察中，分别给出了智慧、权力、真理、金钱和美的选项，美国学生几乎一致地选择了真理和智慧。他们有的这样解释，如果我拥有智慧，我掌握了真理，相应我就会拥有财富和其他东西。而中国高中生除了有一个选择了“美”外，没有一个选择真理和智慧，有的选择了财富，有的选择了权力。

中国学生直奔权力和财富这样的结果，忽视了如何实现的过程，不去思索实现这些目标的途径。可见，我们文化中的官本位在他们的观念中已根深蒂固，社会上对于金钱的过分热衷追逐深深地影响着他们。孩子们的选择清楚地映照出了我们文化传统和社会环境的一些不良风气。当需要一个人展现出理想和精神的崇高的时候，却要追逐金钱和权力，如此到哪里寻找既有的理想？

犹太人家庭的孩子，从小几乎都要回答这样一个谜题：“假如有一天你的房子被烧毁，你的财产被抢光，你将带着什么东西逃跑呢？”如果孩子回答的是钱或财物，母亲将进一步问：“有一种没有形状、没有颜色、没有气味的宝贝，你知道是什么吗？”要是孩子回答不出来，母亲就会说：**“孩子，你要带走的不是钱，也不是财物，而是智慧。因为智慧是任何人都抢不走的，你只要活着，智慧就永远跟着你。”**

犹太孩子不论穷富都有一个存钱的盒子，可是这钱是不能自己用的。这是专门给乞丐留的。犹太人说：“许多乞丐的衬衫里就藏着智慧。”因为包括乞丐在内所有的犹太人都必须抽出一定的时间学习经典。

培根有句名言：“知识就是力量。”培根心目中的知识，是能够经世致用的东西，是能够帮助人类改变自然，征服自然的东西。“科学的真正合法的目标，就只是给人类生活提供新的发现和力量”。按照培根的看法，在人与自然的关系中，人的地位如何决定于人的知识,人如果没有知识就会受制于自然,如果人获得了关于自然的知识,那么人就能支配和统治自然。因此,知识就是力量。培根热情地讴歌知识的力量,他说这种力量的威力是无可比拟的。常人所赞叹的帝王的威力与知识的力量相比也黯然失色。马其顿王亚历山大和罗马王凯撒可谓帝王中的翘楚,权势熏天。但他们的威力是很有限的,因为它只能施于他们的帝国疆域之内,他们死后威力也就消失了。唯有知识的威力是无限的,它既不受空间的限制,也不受时间的限制。

在我们的世界里,不管权力和财富的影响有多大,但是不要忘记真理和智慧的作用。作为家长,一定要让孩子明白:真理和智慧比财富和权力更重要。

第08章

在孩子的亲身经历中及时教育，让他总是在思考、领悟和受到启发

儿童有着他自己的人格，他自身具有创造精神的美和尊严。这种美和尊严是永远不能磨灭的，所以他的纯洁而非常敏感的心灵需要他们最审慎的爱护。

——(意)蒙台梭利《儿童教育》

33

孩子的成长往往是从"莽撞"开始的

中国中流的家庭,教孩子大抵只有两种法。其一是任其跋扈,一点也不管,骂人固可,打人亦无不可,在门内或门前是霸主,是霸王,但到外面便如同失了网的蜘蛛一般,立刻毫无能力。其二是终日给予呵斥,甚而至于打扑,使他畏葸退缩,仿佛一个奴才,一个傀儡。

——(中)鲁迅《上海的儿童》

生活中,有的孩子经常爬上墙头、从砖堆往下跳,不是腿青了,就是脚扭了;有的孩子玩带尖的用具被戳伤,等等。这是由于他们缺乏知识经验,不能预见行为的后果造成的。莽撞是孩子成长过程中不可避免的行为,但是,如果家长对他们的莽撞行为长期不予理睬,也会使他们在种种莽撞行为的重复中,形成坏的性格、习惯。

陈中伟是中国科学院院士,国际著名骨科、显微外科专家,被国际医学界誉为"世界断肢再植之父"。

陈中伟 1929 年 10 月 1 日在宁波他父亲创办的保真医院诞生。陈中伟的父母一连生了七个女儿之后,终于来了这么一个儿子,自然十分疼爱。七个姐姐也很喜爱他,陈中伟成了陈家最宝贝也最顽皮的孩子。

陈中伟小时候闹出来的事,小打小闹不算,称得上"事件"的就不少。比如,当时全宁波城没几辆自行车,可陈中伟在小学五年

级时父母就给买了一辆。骑自行车是既好玩又可以在小伙伴面前炫耀的事。陈中伟没学几天,就走街串巷满世界“飞”车了,他经过的地方是一路的鸡飞狗跳。他妈妈不仅要赔人钱,还要赔上不少好话。

陈中伟可以说是生活在一个医学世家,父母都是医生,父亲开办了保真医院,他的几个姐姐、姐夫和妹妹也都是学医的。

对于陈中伟的顽皮,家里人不是一味地批评,而是加以科学的引导。如陈中伟喜欢在医院里到处玩,在病人中转来转去。姐姐看见了,就和他说:“你要是传染上细菌,就会像他们那样生病的。”陈中伟不相信,他说:“有什么关系,看到细菌来了,我逃走就是了。”姐姐就带他到父亲的显微镜前,又挑了些病人的呕吐物放在显微镜下。陈中伟爬上凳子,从显微镜里看到:许多黑灰色的小虫挤在一起,扭动身子转来转去。那么丑恶,那么可怕,原来这就是细菌啊。这就是陈中伟第一堂医学知识的启蒙课。

陈中伟还曾经玩弹弓打下麻雀。他听大人说,麻雀是好东西,他打了麻雀之后就拔毛剖肚弄来吃。父亲看到了,跟他说:“‘麻雀虽小,五脏俱全’,我给你讲讲,这是肝,附在肝上的这个小黑点就是胆……”父亲详细地给他讲了麻雀各个内脏的位置和作用。这就是他生平第一堂生理解剖课。

就这样,在长辈的引导下,陈中伟由“撒野”渐渐回归到正路上了,在日常生活中和游戏中学到了一些医学卫生方面的基础知识。到上中学时,他这些基础知识使他受到生物老师的特别青睐,促使他走上了医学之路,并取得杰出成就。

1980年,在荷兰召开的第一届显微重建外科联合大会上,大会主席在报告中正式称他为“世界断肢再植之父”;1985年,陈中伟当选为第八届国际显微重建外科学会主席;1994年,获首届奖励全国十位杰出科学家的“求是奖”;1999年,获国际显微重建外科学会在美国颁发的奖励全世界最杰出的三位医生的“世纪奖”。

有记者问陈中伟,当他回首辉煌的医学之路、成功的人生之路，哪段经历影响最大。陈中伟谈到其中一段就是他童年的经历。他从小接受医学熏陶，钻进化验室用显微镜观察细菌；稍大一点的时候，目睹疾病给人们带来的痛苦，家人为群众治病，崇高医德备受尊敬，他从小立下宏愿：长大当医生。还有很重要的一点是，家里人能正确对待他小时候的“莽撞”，给予及时、正确的引导，促使他最终走上了医学之路。

对孩子出现莽撞行为不能轻率地、粗暴地责骂孩子，而是要认真仔细地分析原因，及时针对实际施教与矫正。

一位老先生曾经做过这样一个实验。用手捉住一只大公鸡硬逼着它吃米，它怎么也不吃，把手放开它倒吃起来了。公鸡吃米尚且不能硬灌，人的认识、行为的养成就更不可能只凭几句说教、几堂课就能完成，**只有让孩子们通过自己的亲身实践，受震撼、受感动，重新认识生活，才能从中领悟人生的真谛。**

34

指物为寓：平凡的事情也可以触动孩子的心灵

大自然把这个世界造成了人类的第一天堂，你在这个世界上要当心，不要在教天真无邪的孩子分辨善恶的时候，自己就充当了引诱的魔鬼。

——(法)卢梭《爱弥儿——论教育》(上卷)

我们都有这样的体验：当我们回想起自己做学生时所受的教育时，使自己终身受益、记忆深刻的并不是长辈的说教，也不是课本上加了重点符号要求记下来的要点，而往往是出于那一两件触

动心灵的平凡小事。

爱因斯坦小时候是个十分贪玩的孩子。每天,他不是在大街上闲逛,就是和周围的一群孩子到庄园或河边玩耍,像个十足的"嬉皮士"。

爱因斯坦的母亲常常为此忧心忡忡,她再三告诫爱因斯坦说:"不能再这样下去了。你现在不学一些东西,长大了如何能出人头地呢?"爱因斯坦总是不以为然地回答说:"你瞧瞧我的伙伴们,他们不都和我一样吗?"

直到16岁的那年秋天,一天上午,父亲将正要去河边钓鱼的爱因斯坦拦住说:"昨天我碰到一件有趣的事情,我给你讲完了,你再去钓鱼,怎么样?"爱因斯坦很不乐意地站住了。

父亲说:"昨天,我和咱们的邻居杰克大叔去清扫南边工厂的一个大烟囱。那烟囱只有踩着烟囱内的钢筋踏梯才能上去。你杰克大叔在前面,我在后面。我们抓着扶手,一阶一阶地终于爬上去了。下来时,你杰克大叔依旧走在前面,我还是跟在他的后面。后来,钻出烟囱,我们发现了一个奇怪的事情:你杰克大叔的身上、脸上全部被烟囱里的烟灰蹭黑了,而我身上竟连一点烟囱灰也没有。"

爱因斯坦的父亲继续微笑着说:"我看见你杰克大叔的模样心想我肯定和他一样,脸脏得像个小丑,于是我就到附近的小河里去洗了又洗。而你杰克大叔呢,他看见我钻出烟囱时干干净净的,就以为他也和我一样干净呢,于是就只草草洗了洗手就大模大样上街了。结果,街上的人都笑痛了肚子,还以为你杰克大叔是个疯子呢。"

爱因斯坦听罢,忍不住和父亲一起大笑起来。父亲笑罢,郑重地对爱因斯坦说:"其实,别人谁也不能做你的镜子,只有自己才是自己的镜子。拿别人做镜子,白痴或许会把自己照成天才的。"

爱因斯坦听了,顿时满脸愧色。

爱因斯坦从此离开了那群无所事事的孩子们。他时时用自己做镜子来审视和映照自己,终于照出了他生命的熠熠光辉。

一些善于与孩子做朋友的长辈，大多都善于体察孩子的心理，了解他们不同于成人的各种想法和需要，并善于透过孩子所熟悉的事情进行施教，传达让人震撼心灵的感受。由于唤起了孩子心灵的共鸣，使他们所说的道理得到了孩子的认同，进而甘愿听从教导。

1902年5月28日，童第周出生在浙江省宁波市鄞州区塘溪镇童家岙。童第周小时候的好奇心十分强，看到不懂的问题往往要向父亲问个为什么。父亲每次都不厌其烦地耐心给他讲解。

一天，童第周看到屋檐下的石阶上整整齐齐地排列着一行小坑坑，他觉得十分奇怪，琢磨半天弄不明白是怎么回事，便去问父亲："父亲，那屋檐下石板上的小坑是谁敲出来的？是做什么用的呀？"父亲看到儿子这么好奇，高兴地说："这不是人凿的，这是檐头水滴下来敲的。"童第周更奇怪了，水还能把坚硬的石头敲出坑？父亲耐心地解释说："一滴水当然敲不出坑，但是天长日久，点点滴滴不断地敲，不但能敲出坑，还能敲出一个洞呢！古人常说'滴水穿石'就是这个道理。"父亲的一席话，在童第周的心里激起了一阵阵涟漪，他坐在屋檐下的石阶上，望着父亲，似懂非懂地点了点头。

由于农活比较多，童第周对学习有些失去兴趣，不想读书了。父亲耐心地开导童第周说："你还记得'滴水穿石'的故事吗？小小的檐水只要常年坚持不懈，能把坚硬的石头敲穿。难道一个人的恒心不如檐水吗？学知识也要靠一点一滴积累，坚持不懈才能获得成功。"为了更好地鼓励童第周，父亲书写了'滴水穿石'四个大字赠给他。

童第周终于考取效实中学，成为三年级的插班生，可是他的成绩全班倒数第一。面对成绩单，童第周流下了伤心的泪水……很快，童第周一改以前的学状态，甚至熄灯后还在昏暗的路灯下学习，专心致志地演算习题。

后来，童第周成为我国著名的生物学家和优秀的教育家、社会活动家，他是我国实验胚胎学的主要创始人。他一直从事发育

生物学的研究。他领导的研究工作居于国内外同类研究的先进行列，在实验胚胎学和发育生物学研究方面取得了创造性的成果。

对于正处在生长发展特别阶段的孩子来说，由于人生阅历和思维能力发展的局限，他们对客观事物的认识往往停留在较肤浅的层面，头脑中更多的是感性的、直观的、形象化的东西。针对孩子这样的特点，家长要做教育的有心人，善于通过孩子熟悉的事情传达教育理念，孩子特别容易心领神会，从而触动孩子的心灵，经久难忘。

指物为寓，是教育的艺术。我们要善于在司空见惯的事情中，捕捉能够感动孩子的情境；还要不断回想，不断从自己记忆的仓库里翻阅自己作孩子时的种种体验。**对孩子的教育需要心灵的碰撞，感情的共鸣。只有从内心深处生发的道德情感才会有生命力。只有触动孩子的心灵，教育才会持久地发挥作用。**

35

暗示是一种含蓄、间接的教育方法

对于教育小孩子，做父母的最好用积极的暗示，不要用消极的命令。

——(中)陈鹤琴《陈鹤琴教育文集》(上卷)

在孩子的成长经历中，暗示是一种含蓄、间接的教育方法。暗示只要求孩子接收暗示信息，没有苛求，是一种没有批判的教育。暗示教育是在没有冷战、没有对峙、没有对抗的条件下进行的，比直接说教更容易为人接受和认可。

漫画家缪印堂的父母都是做生意的,他们懂得一个最朴实的教育道理,那就是千万别让孩子学坏,一旦学坏就难管教了。缪家父母性情开朗乐观,无论白天多么劳累,一家人也总是喜欢围在一起说说话,讲一些健康的笑话、俚语、谚语和街头巷尾发生的轶闻趣事。缪印堂就是在这种充满快乐的气氛中,增长了快乐和智慧,而且还懂得了故事中所包含的很多做人的道理。缪印堂父母也希望用这种方式能让孩子明辨是非。他们认为这比说教打骂有用得多,他们"要提前给孩子打预防针",不希望孩子有什么劣迹之后再去管教,那样为时已晚。

对孩子暗示教育,家长应该努力创设良好的智力、情感、道德、审美环境,让孩子置身于有益身心健康发展的环境氛围之中,从而获得各方面的积极暗示。

林则徐小时候经常向他的父亲林宾日提出一些有趣的问题。对这些问题,他的父亲总是耐心地解答。有一次林则徐给父亲背诵《诗经》中的《硕鼠》一诗,刚背完,就仰起脸严肃地向父亲发问:"爹,硕鼠是什么东西呢?""硕鼠就是大老鼠。""那写大老鼠干什么呀?"林宾日觉得这正是对儿子进行品德教育的好机会,便深入浅出地给独生子解答:"这种大老鼠不劳而获。农民辛勤耕作,它却坐享其成,你说可恨不可恨?""该除掉这些不劳而获的大老鼠!"父亲进一步教育儿子:"一些贪官污吏巧取豪夺,鱼肉百姓,就像这些大老鼠。""等我长大了,一定要治治这些大老鼠!"儿子大声说道。林则徐的父亲林宾日经常运用讲故事、打比方、举例子等方法教育林则徐。

对孩子暗示教育,要对孩子充满希望和信任,才能在不知不觉中给孩子以信心和力量,并逐渐转化为孩子自身的希望与追求。

对于已经养成不良习惯的孩子,在纠正、教育时不应一味批评强行制止,而要与积极暗示结合起来,以改造不良因素为主的教育尽管是必要的,但同时必须与塑造积极因素的教育结合,才能得到良好的导向效果。对于已陷入消极循环中的孩子来说,当

他们有心改正之时，最重要的莫过于一有好表现就马上给以适当表扬。

经常性的消极评价，总是把自己的孩子与其他孩子相比尤其是以己之短与彼之长相比，以及往往提出过高要求或安排超出孩子实际潜能的活动等，都有可能对孩子的自信心和自我意识形成不良影响。这是家庭教育中一个值得注意的误区。

美国的斯特娜夫人是一位享有盛名的早期教育家，她在教育女儿维尼夫雷特的过程中，曾经发生过这样一件事：

有一天，孩子问斯特娜夫人："我想到同学家里去玩，可以吗？"母亲说："可以，但必须在12点半以前回来。"可那天孩子比预定的时间晚了20分钟才到家。斯特娜夫人见孩子回来了，她什么也没有说。吃完饭，孩子赶紧换了衣服，因为她每到星期二就要去看戏或看电影。这时，斯特娜夫人又让孩子看看钟，并说："今天时间来不及了，戏和电影是看不成了。"孩子很难过。斯特娜夫人并未就此止步，而是说了一句十分惋惜而又耐人寻味的话："这真遗憾！"

"这真遗憾"，面对孩子的过错，尽管斯特娜夫人只说了这寥寥几个字，并未采取其他任何处罚手段，但是使孩子明白了一个简单的道理：母亲的要求如果是正确的，那就应该照办。

暗示教育，不论表扬或批评，都应"对事不对人"。表扬或批评的对象应当是目前的具体事件或行为，所采取的表达形式，不论是词语的选择还是表情动作的运用，都应有助于孩子客观地自我评价与反省，有利于孩子通过父母的评价推演出对于自己有益的结论，进而有助于孩子正确自我概念的顺利形成和发展。

对孩子的暗示，要讲究策略和技巧。有时可有意识而又悄悄地赞许孩子，流露自己的挚爱与期待，让孩子感受到鼓舞，增添希望、信心和动力；有时要"弄假成真"，扶植孩子心理上的积极因素，克服消极因素，使孩子向好的方向努力，以收长善救失之效；有时要帮助孩子"做出成绩"使孩子获得"很大成功"，有意帮助孩子在其有所不足的方面取得成就，以便使之从喜悦和满足的体验中获致不断进步的推动力；有时则要故意忽略孩子的错误，以避免消极暗示强化错误而不利于改正，孩子成长中最初产生的问题，可能的话，要故意视而不见，并设法给以正面的、积极的暗示。

36 在与孩子的沟通中共同学习、分享

要能够教育自己的孩子，做妈妈的应该学习鸭子：它们和小鸭一同安然游泳，当然，水也是十分要紧。

——（德）歌德《格言诗》

有许多人误以为，孩子尚未成熟，因此，很多道理还是等大些再说吧。然而事实上，人的大脑正是在不断的、大量的刺激下发育起来的。刺激越多、越丰富，大脑就越聪明。有些家长并不知道，孩子是多么向往这个丰富多彩的世界，多么渴望你用活泼有趣的方式去激发他的感受和认知啊！

中央电视台“实话实说”节目主持人崔永元读小学三年级的时候，每次逢年过节学校都要组织文艺演出。

崔永元有一次排练的是群舞《地道战》，构思很巧，换队形，忽而是地道的墙壁，忽而是运动的民兵，通过手与胳膊的组合，还出现堡垒和洞口等等。由于表演难度过大，只好不断调换演员，最终崔永元落选了。崔永元很难过，回家后一直闷闷不乐。

当他的父母知道情况后，拍着崔永元的肩膀笑着安慰他：小小挫折算什么呢？并鼓励他说今后有的是机会。其实，生活中坎坎坷坷的事情总会发生。最后经过努力，崔永元出演了压轴节目的

主角，在歌舞剧《野营路上》中扮演部队指导员……

沟通是家庭教育的基本形式，理性的家庭是在互动中帮助孩子明确生活目标，父母在与孩子共同学习、分享的过程中，帮助孩子不断成长。

调查显示：对家庭亲子沟通中，有40%家长缺少良好的沟通技巧与方法。有的家长认为："孩子大了，有自己的见解，我们讲话他不大愿意接受"；有的认为"孩子太小，好多道理讲不清"；有的认为：现在社会变化太快了，我们不知道怎样告诉孩子去适应社会；9.7%认为相处的时间太少。没有良好的沟通，是教育失败的征兆。

作为成熟的父母，应当是善于与孩子沟通的，即善于发现孩子在想什么，在干什么。当孩子做出一些成人难以理解的事情时，父母不是当即质问或训斥，而是平心静气地思考一下：孩于的行为是否有合理性？如果缺乏合理性又是为什么？经过这样的思考，父母则容易了解孩于，而了解孩子恰恰是教育的成功之道。

一些父母认为，自己的孩子，自己生，自己养，每天生活在一起，还用了解吗？不然，孩子身上尤其是心灵上每天悄悄发生的变化，如果不精心对待的话，家长并不能了解。这是家长与孩子的天然差距所决定的。家长与孩子的差距首先是由心理发展水平引起的。由于儿童的感觉、知觉、思维等尚未发展成熟，他们对外界的感觉与成人是不同的。比如同样是看电视剧《鲁西西的故事》，当鲁西西趴在床上哭时，成人"看到"鲁西西受了委屈，很难过，但一个4岁孩子"看到"的却是"鲁西西不是好孩子，她穿鞋上床"。有关儿童心理学书籍里，有充分的理论根据说明，成人与儿童的心理发展水平有多大的差距。

两代人的知识差距、生活经验的差距以及对新技术的适应能力的差距等都有可能造成代际隔阂。作为家长，也许会无奈地发现，自己在孩子面前的权威性下降了，孩子人不大心不小，样子还挺张狂。这是今天许多家长都碰到的难题。退回几十年前，家长对孩子几乎有绝对的权威性。他们喜欢说：我过的桥比你走的路都多。可是在世纪之交的今天，谁能说比孩子知道得多呢？计算机时代是成人与孩子同步进入的，而孩子往往比大人掌握得更快，知道得更多。从儿童期进入青春期的少年阶段，最重要的心理现象是“自我意识”的强化。他们渴望独立又屡屡失败，常以苛刻甚至挑衅的目光审视家长和社会，代际冲突时有出现。

如何对待新知识和新信息，尤其是如何对待走向新世纪的下一代，往往成为两代人能否和谐相处的关键。家长能经常亲热地与孩子交谈，孩子有事情、有心里话才会对你说，你才能及时帮助孩子解决生活中的困惑，同时在交谈过程中把对子女的殷切期望传达给孩子。

随着孩子逐渐长大及其理解力的增强，家长可以通过与孩子交谈，及时了解与掌握孩子的心理活动及对周围发生的事物的反应，从而引导孩子建立正确的是非观念、对社会的责任感、正确的价值观，以及崇高的理想与追求等，在不知不觉中纠正孩子一些幼稚或者模糊的观念，把孩子引向健康发展的道路。要记住，与孩子说话是一种交流；一定的时间，平等的气氛，耐心的态度，都是必要条件。

37

与老师、学校沟通

学校必须与家庭取得联系。学校和生活的一致，家庭生活和学校生活的一致，是儿童时期完善教育的首要和不可少的条件。

——(德)福禄倍尔《人的教育》

某市一所小学的老师通过家访发现，三分之一的孩子在家庭和学校的表现有“两面性”：在学校中是个劳动积极分子，在家中

却需要家长帮助系鞋带、喂饭;在家中是个听话的乖孩子,在学校里却是个人见人怕的“小霸王”。这所学校的教师在家访中发现,家长眼中的好孩子往往不是学校里的好学生,教师眼中的好学生也不是家庭中的好孩子，这种双重性的表现往往出现在品行方面。比如孩子在学校打扫卫生时非常积极,但经了解却发现孩子在家中几乎从来不干任何家务活;学生在学校里对同学、教师彬彬有礼,但在家中待人接物却被评价为“不太懂事”。

孩子在家庭和学校表现“两重天”,急需家长和老师、学校的沟通,取得对孩子教育一致。

有些家长每每家长会后,是里三层外三层的围着老师问长问短,而平常并不了解学校、老师以及孩子在校的情况。有些家长从开学那天把孩子送到学校以后,老师就再也没见过他,直到学期结束时和老师的短暂见面,这显然是不够的。为了孩子地健康成长,家长应架起与老师、学校沟通的桥梁。

很多老师往往在接班以后,都会把自己的电话、邮箱留给学生,方便学生有情况有问题及时联系。家长们不妨把这个电话记在自己的号码簿上,在烦忙工作之余打个电话询问一下。有些家长怕影响了老师的休息时间,孩子没出事打扰什么老师呢?其实不然,大多数老师都是有着强烈责任心与职业道德的人。他们会认真地在电话中、在电子邮件中交流孩子情况的,不会错过鼓励孩子的良机。

把孩子在家的情况或者孩子学习生活上出现的一些疑问,写成纸条或者书信让孩子带到学校里,这也不失为一个好方法。

有些家长在和老师谈话中,总是会说到:自己工作忙,孩子就全交给老师了,该打就打之类的话。虽然看得出家长对老师的充分信任。但**教育孩子不仅仅是只需要学校教育就行的,家庭教育对孩子的影响也是深远的**。

有些家长认为被孩子请到学校去以后,肯定会面对老师的一番“训斥”,所以推脱不去。其实这只是个别老师的一些不良做法。有些学校对老师叫家长的行为做出了严格地规定。除非特殊情况,老师是不能把家长请到学校里的。所以,家长不要有这样的误会。

有些家长在孩子犯了错误后,拳打脚踢,更有甚者会当着老师、同学的面施暴,这都是错误的,会给孩子的心灵造成极坏的影响。

有些家长把学生出现的一些问题反映给老师后,希望老师能够进行教育,出现立竿见影的效果,而如果达不到满意,会产生误会。其实如果家长对老师的情况多了解一些的话,就不会产生这样或者那样的想法了。

现在学校中每个班有几十名孩子,老师是不可能把心思完全只用在一个孩子的身上的。对于出现的问题,老师只能是和孩子谈过以后,希望他能够改正。但如果要求老师每天都盯着这名孩子,也是不可能的。所以老师在这时也非常希望家长能够在反映问题之后,同老师协商一个监督方案,共同去教育孩子。**毕竟,老师的一双眼睛要分给全班几十名孩子,而家长的两双眼睛是会时时监督好这个孩子的。因此,沟通中双方监督方案的协商很重要。**

38 我们面对着传媒时代的孩子

为了美好的生活,必须让每个都成为生活上平等的,完全的主人。

——(俄)高尔基《论新与旧》

今天,无论成人还是孩子,打开电脑网络,就有“一览宇宙小,天涯若比邻”的感觉。很多教育专家都承认,大众传媒已经成为影响儿童青少年成长的,与学校、家庭、同龄伙伴并列的第四大因素。

据最近对北京6个城区的4000名学生抽样调查显示，80%以上的学生家中有电脑，但是，其中47%的家长并不会使用。另据对某所中学的调查，95%以上的父母不具备媒介指导的知识，65%以上的家长承认面对现代传媒电脑网络，自己远不如孩子。据了解，一些受传媒负面影响而出问题的孩子，其父母往往缺乏媒介指导的意识和有关传媒的知识。

现代父母必须了解传媒，不了解传媒就无法把握传媒给孩子带来的影响，就无法赢得家庭教育的主动权。面对大众传媒的挑战，如果让孩子独驾无舵的小船，那么他很可能在传媒信息的海洋里触礁翻船，甚至跌入无底深渊；父母应当是一把坚实的舵、一张鼓风的帆，引导孩子在传媒信息的海洋里巧妙驰骋、趋利避害。

父母要对孩子的“媒介倾向”加以指导。媒介倾向就是对不同媒介的喜好程度。让孩子知道，不同的媒介具有不同的功能，如何根据自己的年龄特点有顺序地开发利用不同的媒介，以便科学合理地利用媒介来发展自己。

有一位社会学家统计：我们的孩子从3岁起到他走上工作岗位，已在电视机前待了1万6千多个小时。而一位大学生获得一个学士学位用的时间是5千小时，一个电脑专家的成才需要的时间是1万小时，熟练掌握3门外语的时间也大约是这个数字。除了电视外，电子游戏和网络也在消耗着许多孩子的黄金时光。指导孩子科学合理地利用媒介，就是指导他们科学合理地安排时间、安排生命。

父母还要指导孩子对媒介传播信息的鉴别和选择。不同媒体负载的信息的严肃性、真实性程度是不同的，对于孩子人格成长和智慧发展的影响性质也是不同的。要指导孩子识别虚假信息，排除有害信息，选择科学、有效的信息。尤其要帮助孩子正确对待流行文化，避免在“追星”、“网友”、“网恋”的追新猎奇中迷失人生方向。指导孩子对媒介传播信息的鉴别和选择，就是指导孩子把“接受的大脑”变成“思考的大脑”，就是指导孩子做信息的主人。

人的发展，永远是一个人在处理与周围世界的关系，从“潜在主体”到“现实主体”的过程。所以从某种意义上说，媒介指导，就是帮助孩子面对大众传媒空前发达、信息爆炸的时代，处理好人与媒介、人与媒介信息的关系，合理地安排时间、珍惜生命，提升生命价值的教育。这样的教育，无疑是最具有时代特征的素质教育。

当代传媒研究专家认为，大众传媒对人的影响是潜移默化、长期存在的，有些影响要若干年后才会显现！这就告诉我们，媒介指导不能等到出了问题再进行，应该未雨绸缪，防患于未然，孩子一出生，这样的教育就可以开始了！

第09章

关注孩子细小的变化，杜绝不良的苗头萌芽

我以为从幼年到青年，至少在某时期，某场合，实需要这多少有所畏惧的心理，使精神上有所约束，影响到他们行为上，使有所不敢为。同时做父母的十分检束自己的行为，凡不许儿女做的，父母不做，且禁止家庭中任何人做。

——(中)黄炎培《黄炎培教育文选》

39
哪怕只有一丁点进步也值得肯定

儿童的过误有时不能不加以斥责，因而斥责不独应当出之以严肃的，不任情的词句，并且应当背着别人私地里去执行；至于儿童应受赞扬的时候，则他们应当当着别人的面前去得到。

——(英)洛克《教育漫话》

华盛顿是美国第一位总统。他是孩子的时候，砍掉了他父亲的两棵樱桃树。他父亲回来了，非常生气。他暗自思量，“如果我查明谁砍了我的树，我要狠狠揍他一顿。”他父亲到处询问。当他问儿子时，华盛顿开始哭了起来，“我砍了你的树！”华盛顿和盘托出。父亲抱起他的儿子说：“我好聪明的孩子，我宁愿失去一百棵树，也不愿听你说谎。”

家长要肯定孩子的每一个进步。如果孩子在某一件事上有些小小的进步，家长就应该及时地肯定。

有一个小家分得了新房，夫妻双双白天上班，一下班就奔向新房搞装饰，忙得精疲力竭，饭也顾不得吃。上小学四年级的孩子，看在眼里“计”在心里，便搬出了刚学会的手艺——摊面饼。做好之后，拿着点心，提着茶壶，来到新房子慰劳父母。夫妇俩望着油亮亮、金灿灿、香喷喷的面饼，激动得热泪盈眶，津津有味地嚼着孩子摊的面饼，品尝着儿子情感智慧的温馨。望着面前的儿子。父亲伸出大手，抚摸着孩子的头，挚爱地说：“儿子懂事了，是个称职的小男子汉！”宝贝儿子眼睛一亮，胸脯一挺，朝着窗外呼唤着：

"我长大了！"

当孩子有一个微小的进步时，进行及时的肯定，此情此景孩子一定记在心里，胜于一本正经的说教。如果对于每一个微小的进步都给予肯定，孩子就会不断得到进步的动力。

有一个残疾大学生叫周婷婷，她的父亲周弘居然把天生的聋哑女儿培养成为一名少年大学生，而且可以说培养成为我们国家第一名残疾大学生。周婷婷的成长中，他父亲经常用欣赏的眼光、肯定的口气鼓励周婷婷。每当她有一个小小的进步，便及时加以表扬。让她感觉到成功的欢乐，培养了孩子的自信。

肯定孩子应当是肯定孩子的行为、孩子的每一个进步，恰当的肯定可以塑造人格，改变孩子的一生。

有些家长可能担心表扬多了会使孩子翘尾巴，过多的表扬确会造成孩子以自我为中心，对此，重要的是要做到表扬恰当，所以表扬要尽可能具体，要孩子知道怎样的行为表现是对的。如"毛毛，你今天能按时上床睡觉，妈妈很高兴"。这样的话使孩子能了解自己具体的缺点和优点，又不伤害他们的自尊心，实实在在的表扬可以增进孩子的自信心。当一个好的行为固定下来后就不用再表扬了，而应该注意其他方面。

父母表扬的方式一定要根据孩子的年龄特点，符合孩子的需要，表扬的方式要恰当。也可以根据孩子的反应来判断表扬的方式是否合适。如果孩子表面上对你的表扬不当回事，实际上还是按照你表扬的行为继续做了，那就表明你的表扬方式是恰当的。

对进步的表扬要视孩子的年龄而定，年龄小的要在短时间内及时给予表扬和鼓励，年龄大些的孩子时间拖后一些也可以起到作用。总的来说，及时表扬是对一个好的行为的反馈，可以及时巩固这个行为。

父母应让孩子感觉到父母之所以喜欢他的这个行为，是因为这个行为是对的，父母要让孩子把注意力放到自己的行为上，而不是其他人的评价上。父母要经常无条件地给予孩子关心和爱，使孩子长大后变得不那么敏感、多疑，而是充满自信心。

40

哪怕只有微小的错误也要及时纠正

不能让孩子去做违背良心和口是心非的事。不能让孩子形成一种错误观念,认为这种虚伪似乎是必不可少的。

——(苏)苏霍姆林斯基《帕夫雷什中学》

孩子在犯“小”的过失之时,极有可能是心存侥幸的,而这种侥幸心理害人不浅。失之小节,也许是酿成大错的开始,因为一个人良好的素养往往体现在小节上。反之,时时处处从“小”做起,也许正是长大成材的良好开端。当然,这一切并不一定要别人必须看见。犯“小”的错误,即使“别人看不见”,仍然是一个错误;做了“小”好事,有了“小”的增益,即使“别人看不见”,仍然是一个长进。

三国时的刘备临终前嘱咐即将继任的儿子:“勿以善小而不为,勿以恶小而为之”,话虽是出自古人之口,但对我们现代人一样有教育意义。

司马光小时候,他的父亲不仅关心他的学业,而且在做人上严格要求,以培养他的优秀品格。司马光五六岁时,一天,他想吃青核桃,姐姐替他剥皮,却怎么也剥不开。姐姐走开后,一个女仆把青核桃放在开水里烫了一下,皮就很容易剥了下来。姐姐回来一看,便问是谁剥下来的,他说是自己剥的。这个过程恰巧被父亲知道了,见他撒谎,就说:“怎么能这样撒谎!”这件事虽然很小,但却给他留下很深刻的印象。从此,无论是为人处事,还是学习,他总是十分诚实,不敢有半点虚假。

对于孩子即便很小的错误，家长也要及时告诉孩子他犯了什么样的错误，帮助他分析犯错误的原因，所犯错误会带来什么样的后果，父母的感受如何等。千万不要夸大孩子的错误，比如孩子有几次把屋里弄得很乱，批评孩子时就不能说孩子总是把屋子弄得很乱。不要翻旧帐。不要泛化、上纲上线。字没写好，就是字没写好，不要“你就是不努力”、“你改不了了”。不要唠叨，若我们说的都是废话，就会很容易引起孩子的逆反心里。最重要的，不是单纯告诉他对错，而是弄清他为什么要这样做。这样才能知道孩子真正需要的是什么，有的放矢去帮助他。

教自己的孩子比当老师更需要技巧。比如，壮壮看见超市里新奇的玩具就想去拿，妈妈说：“这些玩具不是我们的，不付钱买就不能碰。”壮壮会听从妈妈，抗拒诱惑不去碰玩具，并且感到愉快。如果孩子表现出这种愉快的服从，父母要鼓励他，让这种快乐促使孩子将成人的要求转变成自己内心的需要，逐渐学会主动调节自己的行为，控制自己的欲望，这对自我延迟满足能力的提高有事半功倍的效果。

对待孩子的缺点要讲艺术性，勿把孩子当大人，犯错误是孩子的天性，家长应该通过科学和引导的方法来纠正。不要让孩子为了改正错误要立即、马上、必须怎么怎么样，即使是缺点也要从欣赏的角度来看待孩子，让孩子在没有任何压力的情况下来改正缺点。不然，会适得其反。

有一个故事：一个男孩抢了一个女孩的电动车玩，女孩向男孩要，男孩不给，女孩哭了。男孩母亲微笑着走过来，轻轻地对男孩说：“你过来一下。”说完起身走到一边。小男孩不太情愿地跟了过去，这位母亲脸上始终带着微笑轻声地跟男孩交谈。开始小男孩还反驳，一会儿母亲在小男孩耳边又讲了几句，小男孩就不作声了。过了一会儿，小男孩低着头，拿着小车走到小女孩面前，把车还给小女孩，并认真地说了一声：“对不起！”

通常我们批评孩子时总是声色俱厉，如临大敌，在这种情况下孩子容易受到伤害。所以我们不如换一副表情，比如我们可以用凝重表情、严肃的表情来显示我们对待孩子错误的态度，语调也大可不必高八度，相反可以比平常的声音更低沉一些，缓慢地如谈心般地指出孩子的错误，并注意用眼睛一直看着孩子的眼睛，孩子会读懂你心中的期望。

批评孩子时不要在公共场合、不在亲朋好友前，是保护孩子的自尊心。但有时在这些场合下，要批评时，采取耳语是非常行之有效的办法，但态度一定要坚决。采取耳语可以很好地保护孩子的自尊心。孩子的自尊心一但受到伤害，就会出现破罐子破摔的消极心里。

批评孩子如果用大声训斥，孩子会比较胆小怕事，性格暴躁、固执。因为孩子会模仿我们的行为方式。

中国有句古话叫“严父慈母”，很多家庭至今还延习着这一传统，父亲和母亲，在教育孩子方面，一个唱红脸，一个唱白脸，其实这对孩子的成长是不利的。因为如果这样，当孩子犯错后，他们所想的不是如何去认识和改正错误，而是积极去寻求一种庇护，寻求精神的“避难所”，他们甚至可能因此变得肆无忌惮，为所欲为。所以，当孩子犯错后，父母一定要旗帜鲜明，保持高度一致，共同努力让孩子能正视自己所犯的错误并努力去改正自己的错误。

41

从细节入手教育孩子

儿童教育是一门科学。只有了解儿童,才能教好儿童。实践出真知。要从实践中摸索教育儿童的规律。

——(中)陈鹤琴《陈鹤琴教育文集》(上卷)

细节,是每一个人都会说不能忘记却又常常忘记的地方。细节是如此的平凡,在我们生活中随处可见,但却是那么的重要,因为我们每一次重大的进步都是在无数次细节上努力的基础上得来。

据《孩子向前冲》一书的介绍,王福志是个只读到高一的昌黎海边渔村农民,他用独特的方法培养大儿子王京,使他成为"清华神童"。王福志认为家庭环境对人成长有很大影响。他说:"望子成龙的家长应该更多地注意这些细节教育。我注意到,细节的东西常常决定成败。"他举例说,在过问二儿子的成绩时,他不问孩子考第几名,而是问他第几个完成作业,以免给他压力。这些就是细节。

有的家长教育孩子重"原则",忽视"细节",这是一个误区。古语曰:"一屋不扫何以扫天下"。望子成龙的家长们,应多为孩子的"细节"操心。

一个成年人说,虽然母亲已经走了多年,但每当回忆起母亲,总是想起自己读书时候,每个寒冷冬天的早晨,母亲在他吃完早饭后,总会从她贴身的裤袋里摸出已经温暖的手套给他,所以他的手套一戴上就是热的。母爱是如此的细腻而感人,所以至今一直在鼓励他:一定要在这个世界上好好地活着,尽量地发光!

细节,总会在人生的某一刻让你的心灵再次受到震撼或者感动。它的教育力量才是不可估量的。

成功的家庭教育往往是从教会孩子做对每一件小事开始,而不是告诉孩子们一个抽象的道理。**如果把人生比作一个金字塔,构成金字塔塔基的,恰恰是他们所做的每一件小事及做事的细节。**

家庭教育中有许多有待开拓的细节,孩子的每一句话,一个表情,一个手势,甚至是一次低头,都有可能成为让父母为之一振的精彩细节。同样,父母对孩子的一句轻声问候、一个亲昵动作也会成为亲子沟通中最有效的强音,成为孩子一生都难以磨灭的记忆。只要我们的父母懂得如何在细节中塑造自己、塑造孩子,善于抓住每一个细小的教育契机,成功的家庭教育将不再是一句空话,甚至可能会形成一股无往不胜的教育旋风,让孩子的心海卷起波澜。

教育的艺术就体现在捕捉具有教育价值的细节上,家庭教育更是如此。如果教育过程中有更多的细节被注意、被发现,那么家庭教育就一定会变得更加有成效!

42

防微杜渐,让孩子关注生活、学习的细节

当你替质朴的灵魂去除粗野的外表时,千万小心,可别糟蹋了他们善良的品质,不要削弱他们的意志,不要败坏他们的性格,不要使他们失去质朴单纯,只落得个虚有其表的光彩,品质没有提高,反而以糟粕代替了精华。

——(俄)克雷洛夫《克雷洛夫寓言》

王选的父亲王守其毕业于南洋大学（现在的上海交通大学）铁路管理专业，是个非常认真的人。他给人写信，用复印纸留一份底稿；校友会让他负责发邀请信，他替自己写上一封还贴上邮票寄给自己。由于认真，他在任高级会计师期间从未出过差错。他严谨负责的作风使王选从小受到了很大的影响。读小学时王选负责班级的墙报工作，见别人的字写得潦草，王选就自己重新抄一遍再贴上。王选的这种作风为以后做出杰出的贡献奠定了基础。

粗心常是孩子比较普遍的毛病，如果不加以矫正，长大后将影响工作和事业。为了防止孩子粗心，要让他注意养成关注细节的习惯。这种要求的实质在于提高思维的严谨性以及对做事情的端正态度，追求做事情有尽可能高的正确率。

培养孩子关注细节，要从平常的事情入手。比如，孩子在外听到什么“新闻”，想要给家长讲述时，家长可以多问几个“怎么样”、“为什么”，引导他把事情讲清楚。家长给孩子讲故事时，则应培养他认真听别人讲话的习惯，边听边记边想，讲完后，别忘了提一些相关的问题，看看他听得怎么样。

生活中，要让孩子养成关注细节的习惯，做精细的有心人，而不是大而化之的人。比如：做客时要主动和主人打招呼，眼睛要看着对方；不能翻动主人的东西；客人来家里做客前，主动打扫房间，客人来了主动迎接，并请客人落座喝水等；等候电梯时，教孩子站在门口两边，先出后进；在剧院、图书馆等场合，保持安静；每天清早起床穿衣时就应将校徽等佩带整齐；学会整理自己的房间；上厕所时应关好门，不弄脏洁具；厕后洗手时不可以甩手，把水珠甩在身后或地下等。

学习上，也有很多细节。比如：做完作业后，要理好课本的角，尽量让课本不折皱，不缺损；做作业时坐姿、握笔写字姿势要正确；每天应把第二天所需的文具、学具、课本对照课程表准备齐全；自己削好备用的铅笔，学习用具摆放有条理，再装好书包，这样用时才能很快取出；学会整理自己的小图书、各种玩具、起居用品等。

孩子平常关注细节，才能做事有条理。这些看起来似乎与学习无关，其实，缜密、仔细这些与学习效果息息相关的品质全在其中。

培养孩子注重细节的习惯是一个长期的，随着孩子年龄特征的变化，学习的深入程度，对细节的要求会有所不同。比如按计划学习、课前预习、独立学习、查阅资料等等。

平常关注细节的习惯，是提高效率不可忽视的重要因素，它特有的巨大力量影响着人的行为，影响着人的成功或失败。因此，家长要告诉孩子，切不可忽视。

第10章

支持孩子在精神领域的探险，有创新、攻关的勇气

我相信，不论孩子将来要干什么事业，应当从小做起。真不知道有多少父母能够认识到他们给孩子们的所谓“教育”，只是迫使子女陷入平庸，剥夺他们创造美好事物的任何机会。

——邓肯　引自《邓肯自传》

43 呵护孩子对一些事情和现象的好奇

你的教鞭下有瓦特,你的冷眼里有牛顿,你的讥笑中有爱迪生。你别忙着把他们赶跑。你可要等到:坐火轮,点电灯,学微积分,才认他们是你当年的小学生?

——(中)陶行知《陶行知文集》

居里夫人曾经说过:“好奇心是学者的第一美德。无好奇心的孩子只能成为终生碌碌无为的平庸之辈,而有好奇心的孩子则有可能成为发明家和其他有用之才。”

细心的家长会发现, 孩子最兴奋的事情莫过于尝试新事物,他们对有新希望的事情跃跃欲试。遗憾的是,许多家长却漠然处之。久而久之,孩子的生活中便失去了对“创新”的冲动和欣喜,也影响了他再向更高层次进步的动力。

家长的责任,应该是最大程度地开发、保护孩子的精神,支持孩子的异想天开,鼓励孩子的多向思维,引导孩子善于观察、敢于动手实践,勇于攻克难关,使孩子的每一个“创新”都能在我们的呵护下“健康成长”,不久你就会欣喜地发现:我们的孩子也能创新。

爱迪生小的时候,一天,他指着正在孵蛋的母鸡问妈妈:“母鸡把蛋坐在屁股底下干嘛呀?”妈妈说:“哦,那是在孵小鸡呢!”下午,爱迪生突然不见了,家里人急得四处寻找,终于在鸡窝里找到了他。原来,他正蹲在鸡窝里,屁股下放了好多鸡蛋孵小鸡呢!

爱迪生因满脑子是稀奇古怪的想法,被老师劝退学。但他的

母亲一直没有放弃教育责任，面对爱迪生“为什么锅上冒蒸气？”“为什么凳子四条腿？”“金子是什么？”“1+1为什么等于2？”等等提问，她总是微笑着，细心地启发他，从不厌烦。她还鼓励他对身边的每件事都问“为什么”，并积极尝试。

从心理学的角度讲，好奇心是人对自己不了解的事物感到新奇而有兴趣进行探究的一种心理倾向，它是推动人们主动求异，进行创造性思维的内部动因。大量事实表明，发明创造往往萌芽于对某一事件或现象的好奇。对于孩子来说，好奇既是天性也是一种十分可贵的心理素质。因为好奇，孩子就会有探索周围事物的兴趣，并在探索活动中丰富和积累知识经验，发展创造性思维能力。

经常能看见孩子透过玻璃在观察着外面的世界，和成人不同的是，他们的专注和好奇程度要比成人强，因为他们的鼻子都被压扁了，他们恨不得透过这玻璃，触摸到事物。

儿童心理学家指出：凡是因好奇心而受到奖励的孩子，都愿意继续进行某种试验和探索，这既有助于培养孩子的创造性思维能力，又能增强孩子的自信心。因此，在日常生活中，家长应小心呵护孩子的好奇心。

我们的很多父母，常因担心孩子好奇心过重惹麻烦，从而阻止孩子的好奇行为。

著名教育家陶行知先生曾碰到这样一件事。一位母亲对他抱怨说，她的儿子非常淘气，把好好的一块贵重金表给拆坏了，她把儿子打了一顿。陶行先生当即说：“可惜呀，中国的爱迪生让你给枪毙了。”陶行知先生的这番话确实道出了目前在家庭教育中，父母怎样无意识地扼杀了孩子可贵的好奇心。

陶行知先生的这番话确实道出了目前在家庭教育中，父母怎样无意识地扼杀了孩子可贵的好奇心。这可直接影响到一个人的创造性的形成。

好奇心可以被父母的无知摧毁，也可以被父母的爱心培养出来。诀窍就是大人要有童心，要换位思考。大人对孩子的好奇心不能理解，甚至不耐烦，是因为孩子问的问题，大人早就不关心了，站在大人的角度,没什么可问的。正如作家桑姆·金丽所说:“我们的眼睛变得只盯着追求的目标,以至于对眼前的玫瑰花也不惊奇。”因此首先要解决的问题是尊重孩子的好奇,允许他提问,并积极配合找到答案。

好奇心在孩子身上的基本表现就是不断地提出“是什么”、“为什么”的问题。对待孩子提出的有些问题可以鼓励和引导孩子自己思考寻求答案。如果孩子问了超出他的年龄应知道的事,家长也不要责备他。因为孩子并不知道什么该问,什么不该问。有个家长的做法很好,每逢孩子问了无法给孩子说清的问题,她就告诉孩子:我把这个问题记下来了,到了一定的时候,我就会回答你的问题。对这个问题,也许以后用不着父母回答,他自己慢慢也明白了,但是这种做法,让孩子感到他的提问是受到了尊重和鼓励。

44

让孩子带着怀疑精神做学问

只看一个人的著作,结果是不大好的:你就得不到多方面的优点。必须如蜜蜂一样,采过许多花,这才能酿出蜜来,倘若叮在一处,所得就非常有限,枯燥了。

——(中)鲁迅《鲁迅论教育》

翻开历史看一看,人类其实是在怀疑中进步的,科学是在怀疑中发展完善的。怀疑是创新的起点。

2005年7月6日晚上8点半,中央十套科学教育频道的《走近科学》节目的题目是“破解姆潘巴”。讲了上海三位女中学生在

做实验时发现人们确信四十多年的姆潘巴现象竟然是错误的！于是，她们就去请教物理老师。在学校大力支持下，这位教师和三位女中学生一起，用精密仪器重新做了一百多次实验，证明她们的发现确信无疑。随后，学校又请多名学术权威辩证，终于否定了姆潘巴现象：即热牛奶不一定比冷牛奶先结冰。而且液体的冰点与淀粉及糖等添加物的多少有关系。所以，四十多年前姆潘巴现象的出现实属巧合，不具有广泛性代表性。

姆潘巴现象开始于一个孩子，结束于几个孩子，而人们的固定思维却禁锢了自己的头脑。姆潘现象已经被确信四十多年了，为什么那么多学者和专家都没有产生怀疑，而最终却被几个中学生给破解了呢？因为他们具有难能可贵的怀疑精神！

生物学界一直认为，蜜蜂没有发声器官，是靠翅膀振动发出声音的。但是，一位名叫聂利的12岁小学生却用实验证明“蜜蜂有自己的发声器官，它不是靠翅膀振动发声的”。聂利为此撰写的论文《蜜蜂并不是靠翅膀振动发声》荣获全国青少年科技创新大赛银奖和高士其科普专项奖。

《人民日报》的报道称，聂利的发现过程并不复杂：她先是偶然发现翅膀不振动的蜜蜂仍然嗡嗡叫个不停，然后用放大镜观察了一个多月，终于找到了蜜蜂的发声器官。如同许多重大科学发现一样，发现过程本身也许并不曲折，关键在于发现者是否勇于向“定论”提出质疑，向科学权威提出挑战。

一位法国教育心理学专家让法国的小学生和中国的小学生同时完成下面这道测试题：一艘船上有86头牛，34只羊，问：这艘船的船长年纪有多大？超过90%的法国小学生对这个题目提出了异议，认为这道测试题根本没办法回答，甚至嘲笑老师的“糊涂”。显而易见，这些学生的回答是对的。而中国小学生的回答情况恰恰相反：有80%的同学认真地做出了答案：86-34=52岁。只有10%的同学认为此题非常荒谬，无法解答。做出正确回答的同学竟然只有10%！

这位法国教育心理学专家很惊讶，两国小学生的答案为什么会出现这么大的差别呢？他通过对中国这80%小学生的调查后发现，他们之所以做出令人匪夷所思的答案，是因为他们认为："老师平时教育我们，只有对问题做出回答，才可能得分；不做的话，就连一分也得不到。老师出的题总是对的，总是有标准答案的，不可能没办法做，也不可能没有答案。"

我们在教育孩子时，很多时候用的是填鸭式灌输的消极模式，不改变孩子被动的地位，不鼓励孩子怀疑事物，批判现有的观点，不调动孩子的主观能动性和创造性。这是失败的教育。

事实上，人自小就有怀疑的天性，自小就有意无意地接受着怀疑地教育并在怀疑中开启心智。怀疑使儿童在有意无意中学会了思考学会了辨别真伪，可惜这种教育往往是无意识的，而更多的有意识的教育却是让人放弃怀疑，因此人越长便越多了盲从而少了思考。在这样的空气下，我们的孩子的确记忆了很多的知识，学会了很多公式，但是，他的思考与动手能力却无法与之成正比。这实在是教育和人类的悲哀。

亚里士多德有句名言："思维是从疑问和惊奇开始的。"孩子的质疑说明他在思考。**常质疑，常批判，才可能常有创新**。在教育过程中，适当给孩子向权威质疑的机会，不仅可以锻炼孩子敢想敢问，还可以培养孩子对待权威的正确态度。这是对孩子积极思维的鼓励，也有助于培养孩子的创新思维。

我们的教育要改一改一本正经、无可置疑的传统作风，一改你听我讲，不容置疑的态度，培养孩子的怀疑精神，给孩子向教师、向课本、向一切权威质疑的机会。

45

日常生活的问题尽量让孩子自己解决

儿童的智力、情感和意志也像肌肉一样，如果不加锻炼和给予正常的负担，它们反而会衰退，不仅得不到应有的改进，有时还会变得迟钝起来。

——(苏)赞科夫《和教师的谈话》

一位外国老师观察到一个有趣的现象：各国的孩子在一起玩沙土，一个外国孩子用小铲子把沙子往漏斗里装。漏斗会漏，沙子总也装不满，他就用指头堵住漏口，等沙子装满就把漏斗挪到瓶子口边，再放开手，让沙子流进瓶子。由于沙子漏下的速度很快，从孩子拿开手指到漏斗对准瓶口，沙子剩不了多少。孩子丝毫不泄气，一点一点儿地做着。终于，他在一次次的反复中"开窍"了：他等到漏斗口对准了瓶子再倒沙子，很快瓶子装满了。孩子笑了，高兴地看着身后的妈妈，而他的妈妈正鼓掌为他庆贺。一位中国孩子的妈妈却是另一种做法：当孩子拿起漏斗，沙子从底部漏掉时，妈妈立刻蹲下来说："来，妈教你！把漏斗对准瓶口，再把沙子灌下去。"

一位从事教育工作几十年的大学教授说："我如今越来越担忧中国的教育，尤其是中小学教育。孩子生活在父母的保护伞下，不经日晒，没有雨淋，就像生活在温室里的花朵。"在国内，许多家长对孩子的包办代替，扼杀了孩子的创造性。

有人曾对某小学的学生做过调查：遇到困难怎么办？97%的小

学生回答:找父母和老师。中国孩子的致命弱点在于没有自主性、依赖性强。这种现象归根结底就在于父母的包办代替,让孩子丧失了自我实践的机会,能力低下。留学海外的中国学生,其弱点暴露得更为明显。国内外的评论认为:中国学生考试成绩很优秀,可动手操作、实验能力则明显不足。"高分低能"是对这一现象的概括。

在西方国家,父母常常让孩子自己照顾自己。孩子两岁半以后,上厕所都由孩子自己处理。尽管大人事后要检查,但十分注意让孩子自己去做该做的一切。由于他们从小就重视独立精神和独立能力的培养,因此,孩子大多具有较强的独立意识。

当孩子还不能完全生活自理时,父母给予孩子生活上的照料,无可厚非。但是,父母照料孩子的目的不仅仅是为了使孩子生活得舒适、幸福,更重要的是在照料过程中要让孩子逐步掌握独立生活,自己解决问题的能力。如果做父母的把孩子的事情全都包办代替,那么就等于把孩子的手、脚、脑都束缚起来,这样做的结果只能是孩子什么事都不能做,也不会做。孩子就谈不上有什么创造性。

要让孩子有创新能力,就要把做事情的权利还给孩子,让他们自己解决日常生活中遇到的问题。孩子在日常生活中,常会碰到一些问题,每当这时,不要急于帮孩子解决,而要让他自己想想办法。比如小猫把球掉到了河里,很着急,你帮它想想办法,怎样才能把球取上来?

对待孩子提出的问题,不要有问必答,还可以鼓励和引导孩子自己思考寻求答案。比如,孩子在做数学题,父母虽没有必要手把手指导,但是可以常提醒孩子,是不是还有更好的思路来解题?这道题从另外的角度来考虑会不会更好?要让孩子有一个探索新方法的意识。

在家中,给孩子有目的地布置一些任务,也不失为提高孩子创新能力的一种方法。比如,节假日一家人休假在家,不如给家里小

天地？”外出旅游时，可以让孩子设计最佳线路。壶中的水垢多了，要求孩子用学过的物理和化学知识进行清除。夏天来了，要求孩子用安全的办法保管毛衣。如此小事，都能开发孩子的创新能力。

46 鼓励孩子异想天开、标新立异

儿童有自己的思想，儿童有自己的力量，不让儿童自己去做他所能做的事情，不让儿童去想他所能想的事情，等于阻止了儿童身心的发展。

——(中)陈鹤琴《陈鹤琴教育文集》(上卷)

郭沫若在1978年发表的《科学的春天》一文，就把“异想天开”作为了科学工作者特有风格的重要组成部分。人的“异想天开”实际上是人探索科学真理，创造人间奇迹的前提。

爱迪生看见小鸟在天空中飞翔，联想到家中做面包的发酵粉能产生气泡，让面包变轻变软，人要是吃了发酵粉，是否也能使身体变轻飞上天呢？正因为他对大自然的种种奇观异象都充满好奇，所以，他从一架儿童玩具中得到启发，如果把照片连起来快速移动，就会在眼中构成连续的动作，因此发明了电影放映机。爱迪生这一生发明无数，像留声机、电灯、喷气机车、有声电影等。这些发明强烈地冲击着现代文明，使人类进入到一个崭新的生存境界。

其实，人类社会的进步过程，从一定意义上说就是不断“异想天开”的过程。美国莱特兄弟小时候“异想天开”要上天，1903年，他们制成飞机实现了人类的首次机械飞行，真的上了天。人在几千年前就幻想过“顺风耳”和“千里眼”，1895年俄国波波夫发出了世界上第一份电报，1925年美国贝尔德明发明了机械扫描电视，人真的能听到千里之外的声音，看到了千里之外的形象了。

我们的孩子从小就有”异想天开“的想法，正说明了他们对客观世界已经产生了强烈的兴趣和旺盛的求知欲，说明了他们的想像力在蓬勃发展，说明了他们将来可能成为一个有出息的人的征兆已经出现。我们应该为孩子们能有”异想天开“的想法而感到高兴。一经发现，就要肯定，鼓励，对他们施加有目的的影响。

国外有一个孩子，父母让他画太阳，他画了一个蓝太阳。问他：“你怎么把太阳画成蓝色的？”孩子说：“我画的是海里的太阳。”父母说：“好极了，你太有想像力了。”

当孩子天真地向父母发问或用自己的想像来解释某些客观事物时，父母不能一笑置之或随意地加以嘲笑，而应正面鼓励并积极引导孩子大胆地想！在条件可能的情况下，还应设法促使孩子动手参与活动，让他们在活动中去寻求答案，以发展其求新求异的思维能力。

有一位幼儿教育专家到国外看到一个幼儿用蓝色笔画了一个“大苹果”，老师走过来说：“嗯，画得好！”而且爱抚地摸了摸孩子的头，孩子高兴极了。这时中国专家问教师：“他用蓝色画苹果，你怎么不纠正？”那个教师说：“我为什么要纠正呢？也许他以后真的能培养出蓝色的苹果呢。”

其实，敢于求异思维，富有想像力和创造精神是一个人成材的必备条件。我们应该鼓励孩子动脑筋，从不同的角度去思考问题，而不要限制孩子，阻碍孩子开阔视野。

亚洲某地区在训练大象时，为了防止大象跑散，有时会用绳围出一个圈。按说，这个“障碍”对于大象是毫无阻拦作用的，但

奇怪的是,大象却将之视为不可逾越的阻隔,从来不设想去跨出樊篱。

由大象而联想到我们人类,在我们生活中,又有多少这种实际上并不具有障碍作用的障碍使我们望而却步?所以,我们不仅自己要设法突破思想的牢笼,就是对孩子,也是少设障碍为好。当我们看到孩子思想的火花闪光之际,一定不要视而不见,更不能带着偏见去压制。

一位心理学家做了这样一个实验:在一张白纸上用黑墨水滴了一个黑点,问成年人这是什么?答案几乎是一样的:一个黑点。问幼儿园的小朋友,有的说这是一只断了尾巴的蝌蚪,有的说是一只压扁的臭虫,有的说是一顶帽子,有的说是一粒黑芝麻,回答的花样很多。

成人在考虑问题时,常要受到许多潜在的因素的限制,但孩子却不同,他们可以让思维插上翅膀尽情驰骋,他们常常会想出出乎人意料的答案,这是很可贵的。

想像力是创造之母,没有想像能力就没有创新能力。在学习、生活中,家长要有意识地训练孩子的想像能力。下面举一些可参考的例子:

☞ **学习**

家长要告诉孩子不要满足于标准答案,要提倡有多种答案,不能简单地肯定或否定。例如:3+X=5,X可以是2,也可以是(1+1)、(4-2)、(4×1/2)等等。解决问题的方法是多种多样的,满足于一种答案,不利于孩子想像力的发展。在片面追求升学率的影响下,老师习惯用标准答案衡量学生,学生答得再好,再有创见,只要同标准答案不一致,就不能拿满分。家庭教育必须把孩子从这种误区里救出来,家长要鼓励孩子多想,在解决各种问题时要试验多种方法,比较出哪是最优的方法。

☞ **游戏**

游戏,特别是建构游戏和角色游戏,能够发展孩子的创造思维。如积木、拼图、玩沙等是典型的创造性游戏,这些游戏没有规则的约束，没有死板的规矩，孩子可以依据自己的原望和想像去构思、去创造，可以不断地玩出花样。用积木搭各种建筑物时，孩子可以凭自己的想像和意愿，无拘无束地进行建构，在玩商店、邮局、医院、餐厅等游戏中孩子可以在人物和活动情节上根据自己的经验任意进行创造性想像。

要支持孩子在没有危险的情况下进行各种游戏的尝试，玩玩具和做游戏时，不一定非要孩子照一成不变的模式去做，不妨出点新花样。

☞ 绘画

通过绘画发展孩子的想像力，有两种形式：

一是可以给孩子规定一个主题，让孩子围绕这个主题，通过对知识经验的回忆来加工与绘画。比如，要求孩子画小猫，孩子可能画小猫钓鱼，小猫捉老鼠，小猫的一家，小孩抱着小猫，加菲猫，还可能画《宠物小精灵》里的喵喵和猫老大等。可以提供一些文字（或口语），让孩子把文字的内容用图画的形式画出来。

二是让孩子自由绘画，绘画技能不一定好，却能表达孩子的思维活动过程。如孩子画出汽车飞驰在天空中，表达了他想办法避开交通堵塞的愿望。这种画能充分发挥孩子的创造性。很多家长让孩子参加绘画兴趣小组，以为孩子画得越像越好。其实绘画的根本在于培养想像力，因而，在绘画活动中，家长要给孩子尽可能的自由，让孩子能更多创造性地表现自我。

☞ 音乐

让孩子在充分感受音乐的时，可以要求他为歌曲配上动作，鼓励孩子表达内心的情感，为歌曲写新词。

☞ 讲故事

许多家长平时都给孩子讲故事，不妨在讲到一半时，戛然而止，让孩子根据前面的情节续接故事，也可以鼓励孩子直接编故事。孩子平时都爱听故事，听到一定数量后，可让孩子自己来编故事。

在歌德刚刚两岁的时候，他的母亲每天像上课一样给儿子讲故事，先从讲小故事做起，并且形成习惯。然后给儿子讲一些“长

篇”故事。妈妈讲故事的方式也和一般人不同,她是用一种教学形式来“实施”的。每当她讲故事的时候,她的“故事教学”不是一个劲地“满堂灌”,而采用像中国的章回小说形式一样,每次讲到一定阶段,或是讲到重要转折关头时,就突然停止,宣称“休息”,然后让歌德自己去联想下面的情节发展,甚至让他推想故事的结局。歌德总是为此作出各种猜想,有时还跑到奶奶跟前认真商量。第二天,当母亲继续讲故事之前,歌德说出自己设想的情节,他的母亲常常会高兴地叫起来。

☞ **日常生活**

生活中,家长要经常引导孩子多角度看待事物和分析事物,逐渐养成换一条思路想想的好习惯。比如,家里买了一条鱼,可问孩子:除了蒸以外还有什么吃法?茶杯除了喝茶的用途外,你还能说出别的用途吗?看到天上的乌云,可以问孩子像什么?如看到圆圆的月亮像什么?水可以做什么用?突然下了一场大暴雨,这场暴雨的坏处在哪里?好处在哪里?总之,让孩子有机会动脑筋,最大限度地激发孩子的想像力。

只要我们注意孩子多动脑筋,遇事想办法,自小就这样训练,孩子的思维就会开阔,他就一定会成为聪明的有所创新的孩子。

47

支持孩子做难题，挑战不可能的事情

对于孩子对人的热情、对事情的热情、对学习的热情，以及对生命的热情，千万不要一盆冷水浇灭，那是他成长必需的心灵营养剂。

——无名氏

爱因斯10岁那年，成了一名中学生。他将自己的兴趣转移到了自学数学上。爱因斯坦的叔叔是一个工程师，对数学也很喜欢，有一次在纸上画了一个直角三角形，写下“AB的平方+BC的平方=AD的平方”，并神秘地爱因斯坦说：“这就是大名鼎鼎的毕达哥拉斯定理，两千多年以前的人就会证明了，你也来试一试。”12岁的爱因斯坦此时还不懂得什么叫几何，但他被这个定理迷住了，决心试一试，他一连几个星期苦苦思索，寻找着证明的方法，到第三个星期的最后一天时，竟然被他证明出来了。他第一次体会到创造的快乐。随着年龄的增大，爱因斯坦的眼界逐渐开阔，能使他产生兴趣的事物也变得越来越复杂。

爱因斯坦12岁时，得到一本硬皮精装的几何教科书。他怀着兴奋神秘而又略带恐惧敬畏的心情把书翻开，从头一页欧几里德的第一条定理读起，越看越入迷，竟然一口气把全书读完，深深为几何定理的精密、明确和严整所折服。对一些定理，他反复地进行琢磨和思考，有时还尝试着撇开已有的论证方法，另辟蹊径，自己来重新证明，爱因斯坦总会高兴得欣喜若狂，他第一次深切体会

到发现真理的巨大快乐。爱因斯坦幼年时代的好奇心得到进一步发展,同时他的自信心也逐步增强。

不久,他又自学了高等数学,中学里的老师已不是他的对手。当他的同学们还在全等三角形中跋涉时,爱因斯坦已经遨游在微积分的天地里了。16岁那年,又一个极富挑战性的问题占据了他的头脑:假如某种光的接收器,比如:人的眼睛或者是摄影机,跟随在光的后面,用光速飞奔,那么,会发生什么情形呢?正确的答案又去哪里寻找呢?他又为自己设置了一个新的难题、新的挑战。正是这个令爱因斯坦日思夜想的高难问题,孕育了未来相对论的萌芽。也许,这可以看作是爱因斯坦向科学堡垒发起的第一次勇敢进攻。

你的孩子和其他的孩子一样,当然具有创造的潜力。平常总是做简单的事情,对孩子来说不一定能调动思维的积极性。作为家长,可以鼓励孩子做他未曾想到的事情。

家长可以让孩子自选一个科目,比老师讲课的进度提前一个星期自己学习,如果孩子可以看懂,他会获得喜悦和自信;也可以鼓励孩子翻阅他从来不敢问津的书籍,例如霍金的《时间简史》;或者鼓励他为自己崇拜的明星写一个传记。

孩子的许多问题可能是一直想问又怕人笑话的,也可能是自认为别人也说不清楚的问题。例如,猴子是不是一夫一妻制?为什么广告永远不说自己产品的缺点?宗教和迷信是一回事吗?如何与恐怖主义斗争等等。这些问题可以鼓励他提出来,并自己寻找答案。

让孩子利用星期天在家的时候,做一件难度很大的事情。例如:弄清家里的管线系统,哪些是煤气管道?哪些是供暖气的?哪些是排污水的?它们从哪里进来,又从哪里出去?家里的管线系统有没有危险?有没有不合理的地方需要改进?又例如:提出一个学校附近交通堵塞问题的解决方案;鼓励孩子通过跳蚤市场把自己不用的书籍玩具拿来换取所需要的东西。

一个人首先要敢于做不可能的事情,大发明大创造才有可能。不仅眼光要看得远,而且步伐要走得稳。老老实实,痛下功夫,才可能创新。

1975年,年仅38岁的王选在一个偶然的机会听说国家有一个748工程,即汉字信息处理系统工程。其中一项是汉字精密照排。一向喜欢挑战难题的王选一下子兴奋起来了。那个时候,王选因病在家中已经休养了十年,每月只领40多元劳保工资的。顾不上身体的虚弱,王选立即投入到方案的设计中。

王选决定跨过当时国际上正在探索使用的第二代和第三代照排系统,直接研制第四代激光照排系统。让很多人没有想到的是,身为助教的王选拿出的方案竟然被选中。

拿到了国家的748项目,但围绕王选和激光照排的各种嘲讽和怀疑就一直没有停息过。当时,基本上是相信的人极少,所以就把王选讽刺成为玩弄骗人的数学游戏,说他想搞第四代,别人还想搞第八代。就在这一片质疑声中,王选的脚步也没有停下来过。此后的18年,王选甚至没有休息过一天。回想起来当时初期的情形,王选和他的朋友形容这是藏僧取经,九九八十一难关,各种各样的难关数不胜数。

在经历了一次又一次的失败之后,王选所带领的研发小组终于成功研制出汉字激光照排系统。从1988年开始,国产激光照排系统以强大的功能,仅有进口产品五分之一的价格称雄市场,短短一年多的时间,来华销售照排系统的外国公司全部退出了中国市场。第四代激光照排系统的出现,在商业和技术跨越上都是一个飞跃,它逐渐在社会上广泛流行。

对大多数孩子来说,失败是一件好事,关键是教育孩子正确面对。

家长们当然懂得“失败是成功之母”,但更要懂得失败也是一种学习的方法。要有所发现,就得进行各种尝试,这些尝试会大多以失败告终,在不断总结教训中,就会找到全新的方法,这就是创新。

儿时的爱迪生特别肯动脑筋,他的许多奇怪实验,总是失败

居多，面对儿子的失败，爱迪生的母亲从不呵斥，而是循循善诱，培养儿子胜不骄败不馁的性格，自小的训练基础，造就了一位大发明家。

看到孩子的失败，做家长的要有意识地避免用任何言语或行为向孩子表明他是个失败者，不能在孩子脑中留下他是”笨蛋“的印象。在我们的脑子里，我们必须清楚，做一件事情失败了只是说明这个孩子缺乏技巧，这种技巧有时是因为父母没有很认真地传授，而丝毫不该影响孩子本身的价值。我们不要减少孩子敢于犯错误、敢于失败的勇气，不降低他自己的自尊心和自信心。敢于犯错误和改正错误是同样珍贵的。孩子和成人一样要有勇气去犯错误、去纠正和改正错误。对于家长来讲，我们自己就不能泄气或失去信心。要想鼓励孩子最重要的两条是：**不要讽刺他们，使他们受到不同程度的打击；不要过分地赞扬他们，以免产生骄傲情绪。**我们所做的一切事情都要顾及到一点：不要使孩子失去对自己的信心。

48

允许孩子“出格”，犯点错误

心平气和的，认真的和实事求是的指导，才是家庭教导技术的应有的外部表现，而不应当是专横、愤怒、叫喊、央告、恳求。

——（苏）马卡连柯《马卡连柯全集》

美国总统尼克松写了一本书《领袖们》，他说，中国的教育制度可以为群众提供很好的教育，但却失去了中国的达尔文和爱因斯坦。因为中国的教育制度过分强调每个人要样样都好，样样搞统一,从小把他们训练得十分驯服,不允许有独立见解,更不允许有爱因斯坦称的"离经叛道",这样只能培养出守业型人才。

他们观点值得深思。很多时候,我们大多数家长不约而同地有一种理想,那就是把孩子教育得循规蹈矩、墨守成规。家长们不断地"设计"孩子的行为,规范他们的思维,不许他们有任何"出轨"的举动,尤其不许频繁地问"为什么"。这样做的结果时,孩子们丧失了天生的好奇心、探索欲和想像力。

经常听到妈妈们唠叨:"你这孩子怎么这么不听话!"可专家们告诫父母,太听话的孩子问题更大,因为他们很可能失去在精神世界探险的勇气。事实证明,"淘气"的孩子往往比"安分"的孩子更有创造力。其原因就是淘气的孩子接触面广,大脑受的刺激多,激活了孩子的智能。因此,给孩子一点"淘气"的权利对提高孩子的创造力是有好处的。

据美国旺尼苏达大学教育心理学主任托伦斯研究,创造力高的儿童多数具有让人讨厌的特点:

- 顽皮、淘气、荒唐和放荡不羁;
- 所作所为时逾常规;
- 处事不固执,较幽默,但难免带有嬉戏态度。

从一定意义上讲,淘气是孩子的天性,是好奇心驱使下的行为,是儿童认识世界、探索世界的起点和动力,是他们创造性思维的萌芽。即使是出点小毛病、捅点小娄子、制造点小麻烦,也不必看得那样严重,在批评和处罚时不可过于严厉,不可将他们身上闪耀的积极性、创造性、探索欲,以及独立自主的精神砍伐殆尽。

有一位老作家曾经说过:"淘气的男孩是好的,调皮的女孩是巧的。"另一位外国教育家也指出:调皮淘气的孩子有许多优点,他们乐观有朝气;能与人交往,乐于助人;富于幻想,勇于开拓……

美国科学家福克曼说:"固执与执著两者之间的区别非常微妙,如果你的想法成功了,每个人都说你非常执著、坚持不懈;如果你没有成功,人们就说你固执、顽固不化。"他认为应该允许孩子"固执",因为那里面可能有执著,应该允许孩子"不听话",因为

那里面可能有创造。

父母要真心支持孩子的创新，就不要对孩子求全责备，允许孩子偶尔“出格”，犯点错误。我们要求孩子行为上要基本听话，整天打架、骂人、不听话不行，但思维上可以不太听话，可以有自己的想法。孩子刚出生时，以听话为主，要培养良好的行为习惯，但孩子大了应给一点“淘气”，甚至行为上也可以有自己的做法。

创造人格中“敢”字很重要，给孩子一点“淘气度”，让他敢想、敢说、敢做，这样才有创造。有些事情，孩子因“异想天开”而出了差错，不要急于去责备孩子，更不能因此而给孩子做出种种限制，剥夺孩子动手、动脑的机会。最好帮助孩子分析一下，找到更妥当的方法，并告诉孩子什么是可行的，给他适当的提示，让他换个方法再试试。做对了就要给予表扬。这样，孩子便会从成功中获得喜悦、获得自信。在孩子遇到问题时，也就习惯去用脑筋思考了。

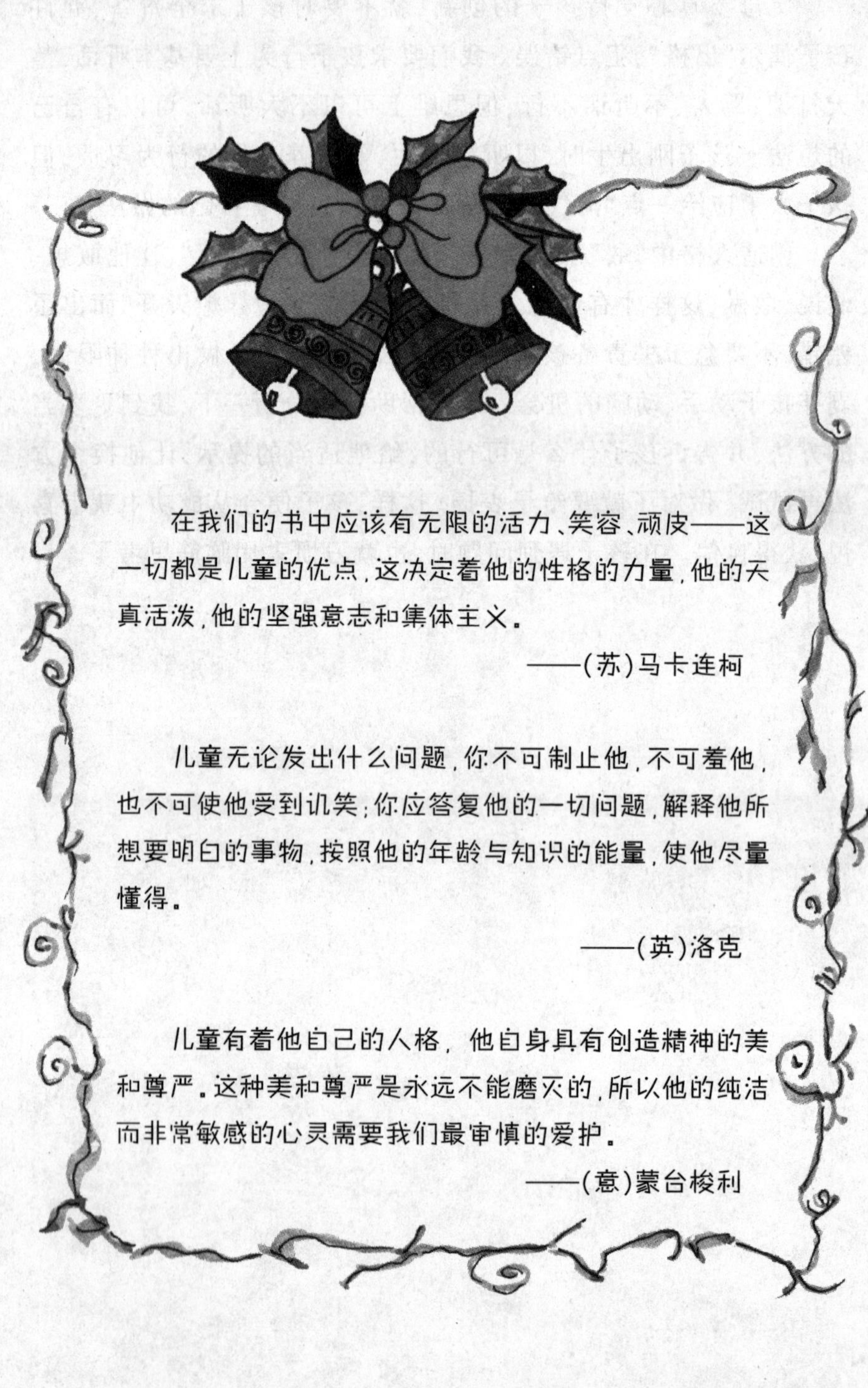

在我们的书中应该有无限的活力、笑容、顽皮——这一切都是儿童的优点，这决定着他的性格的力量，他的天真活泼，他的坚强意志和集体主义。

——(苏)马卡连柯

儿童无论发出什么问题，你不可制止他，不可羞他，也不可使他受到讥笑；你应答复他的一切问题，解释他所想要明白的事物，按照他的年龄与知识的能量，使他尽量懂得。

——(英)洛克

儿童有着他自己的人格，他自身具有创造精神的美和尊严。这种美和尊严是永远不能磨灭的，所以他的纯洁而非常敏感的心灵需要我们最审慎的爱护。

——(意)蒙台梭利

第11章

让孩子生活在行动中，不浪费时间，不沉迷于空想

无论是从父母本身的幸福看，或是从对子女和后代的性格和生活的影响看，我们都必须承认懂得对儿童进行体育、智育、德育的正确方法是非常重要的知识。

——(英)斯宾塞《教育论》

49
“不是干这样就是干那样”

应该教导儿童自己不断地去找事做，不拘工作或游戏，使懒惰成为他们所不能忍受的。

——(捷)夸美纽斯《大教学论》

有个有趣的调查，问妈妈每天早上对孩子说得最多的一句话是什么，回答是“快点，快点”。许多父母常在说：“真是做什么事情都慢吞吞，吃饭慢，做事慢，反应慢，连玩玩具都比人家慢半拍。”谁都知道，现在是快节奏，抢速度的时代，每天都有铺天盖地的工作要完成，看看自家孩子慢吞吞的样子，这不是被时代抛弃，就要被时代吞没了。

莫扎特很小的时候，不仅聪明伶俐，而且勤奋好学，成天在家里不是弹钢琴，就是作曲。他没有时间、也不喜欢像别的孩子那样没有目的地玩游戏，五六岁的孩子就像大人一样埋头于音乐。

1761 年秋天，父亲带着 6 岁的莫扎特和女儿南列尔，到奥国首都维也纳旅行演出。两个孩子的公演，大大轰动了当时在欧洲占有重要地位的维也纳艺术界。他们又被请到奥国宫廷演奏。皇族们很欣赏这两个小乐师，让他们小姐弟俩单独演奏，或是奏四手联弹持续两个星期之久。莫扎特根据所给的主题即兴演奏，还创作了自己的作品。人们用布巾盖上钢琴，他也能准确地弹奏出技术复杂的曲子，使所有在场的人同声赞叹。

贝多芬说：“我的一切成就取决于我对时间的珍惜。”莫泊桑感慨：“世上真不知有多少能成就功业的人，都因为把难得的时间轻轻

放过以致默默无闻了”。有人问鲁迅:你有这样的学问究竟靠的是什么?鲁迅说:“别人在跳舞的时候我在看书。”有一个国外的科学家在谈怎样创建世界一流大学时说:“到了晚上,如果你看到实验楼灯火通明的话,那么这所大学就有希望成为世界一流的大学。”古今中外,靠勤学而取得成就的事例比比皆是。这就是一个朴素的道理。

贝时璋是我国著名的细胞生物学家、教育家、科学活动家。他开创了我国放射生物学和宇宙生物学研究,创立了细胞重建学说,是我国生物物理学的奠基者。

贝时璋母亲识字不多,却懂得让孩子从小要勤快,经常教贝时璋抹桌子、扫地、学织渔网。母亲常挂在嘴边的一句话是:“男孩子不勤快,长大没本事赚饭吃,何况以后还要娶妻生子,成立家庭,不会劳动就不会生活。”

后来的事实证明,贝时璋养成了生活、工作的好习惯,他一辈子都在钻研学问,取得了巨大的成就,他没有忘记母亲的教诲,成了一个有出息的人!

我们孩子每天在校时间6小时,但真正用在学习上的时间有多少呢?本该半小时完成的作业,在磨磨蹭蹭中竟做了1个多小时。有的孩子即使是在课上,竟然也让时间白白流走,其实用在学习上的时间就不多了。这种“人在心不在”的情况,最容易消磨一个人的上进心。

家长一定要告诉孩子养成珍惜时间的习惯。当天的事当天完成,决不拖到明天;五分钟完成的事决不拖到十分钟才做完;做一件事的时候决不让其他的事来打扰……在每一天的学习生活中,都可以改变自己,逐步养成“勤勉做事”的好习惯。

做许多事都是“开头难”,就良好的学习习惯而论,也是一样。要从孩子开始学习生活的第一天起,就要有目的、有计划地注意培养,从开始的“培养”要比中途才进行“纠正”要容易得多,当坏习惯养成之后再想到着手培养好习惯,就更困难、更费力了,甚至难以逆转。**家长对孩子学习习惯的培养应与学校、教师的教育教学安排一致,配合老师系统进行。要有耐心反复训练,最终让孩子形成勤勉的习惯。**

50

动物要经历每一次逃命的考验，人要随时准备考试

无论哪一个与儿童相处的人都会很快明白，过多的同情是错误的。当然，过少的同情更是错误的，在这方面就像其他任何事情一样，走极端都是不好的。

——(英)罗素《斯多噶主义和心理健康》

自然界的动物总是要逃出天敌的魔爪、避免被吃掉的命运。科学家发现，被追捕的动物能不能迅速选择正确的逃跑方案，很大程度上取决于智慧的大小。动物能不能成功逃命，全在平常功夫。学习是一种智力劳动。它的成功，是智力活动的综合成果。孩子平常的表现影响着学习的每一个环节，影响着学习的效果。

家长要教育孩子应该充分利用平时的时间。重视了平时的学习，功夫在平时，踏踏实实，一步一个脚印，那么在考试时就不觉得痛苦，就不会觉得自己“什么都没学到，什么都不知道，更不知道怎么考试”了。也许这在一定程度上，会减少作弊现象，也不会有更多地孩子为考试“叫苦连天”了。

孩子的学习，要通过科学地安排、合理使用时间来达到目标。要符合“合理、高效”的要求。在安排时间时，既要考虑学习，也要考虑休息和娱乐，既要考虑课内学习，还要考虑课外学习，还要考虑不同学科的时间搭配。

要让孩子珍惜每天的最佳学习时间，在最佳时间里完成相应的学习任务。如有的孩子早晨最适合于记忆和思考，有的则晚上

记忆效果更好。要注意文理交叉安排,如复习一会语文,就做几道算术题,然后再复习自然常识、外语等。

要让孩子根据事情的轻重缓急来安排时间,一般来说,把重要的或困难的学习任务放在前面来完成,因为这时候精力充沛,思维活跃,而把比较容易的放稍后去做。此外,较小的任务可以放在零星时间去完成,以充分做到见缝插针。

有些孩子学习毫无计划。"脚踩西瓜皮,滑到哪里算到哪里",这是很不好的。高尔基说:"不知明天该做什么的人是不幸的。"有的孩子认为,学校有教育计划,老师有教学计划,跟着老师走,按照学校要求办就行了,何必自己再定计划,这种想法不对。学校和老师的计划是针对全体学生的,每个学生还应该按照老师要求针对自己的学习情况制定具体的个人学习计划,特别是放学以后的自学部分,更要有自己的计划。

由于学习计划有必要又大有好处,所以有计划地学习成为优秀生的共同特点。**学习好和学习不好的差别当中有一条就是有没有学习计划。这一点越是高年级越明显。**

51

从小养成有规律的作息习惯

对于儿童,开始便当使他有规律的习惯,因为凡是不懂得规律的人是注定要受苦的。人生和社会自有它们的无可动摇的铁律。

——(法)莫罗阿《人生五大问题·论父母与子女》

当年,居里夫人为了培养孩子不空想、重实际的作风。她告诫两个女儿:“你们应该不虚度一生。”

每一天,时间给我们每个人的都是一样的,为什么有人一事无成,而有人大有作为呢?这只在于成功的人总是能静心做好自己应该做的事,积极向前,决不掉入精神的陷阱。做自己应该做的事,用行动证明自己,这对每个人来说,都是最好的生活方式。勤勉是一种人生的态度,是一种人生的习惯。每一个孩子都可以是一个勉勤的人。

美国总统罗斯福小时候,他的母亲为他安排了很严格的作息时间表:7点起床,8点吃饭,跟家教学习二三小时,休息,下午1点吃饭,午饭后又学到4点,自由活动。

那些有作为的人通常生活在规律性中。对于孩子来说,有规律的生活作息能促进儿童神经系统的发育,使身体各个器官系统得到和谐发展,还能够培养孩子良好的意志品质,防止孩子懒懒散散。

儿童生活作息的内容主要包括:学习、休息、进餐、睡眠、户外活动、体育锻炼、自我服务等。家长可与孩子一道,共同制定一个作息时间表,将早晨起床后一直到晚上就寝这一天的活动作出科学的安排。作息时间一经制定,便要求孩子严格执行,家长也应以身作则做出表率,以使孩子养成按时作息的好习惯。

贝时璋的父亲对他小时候的生活习惯有很大的影响,父亲言语不多,生活有规律,他经常告诫贝时璋,存放东西要有固定的位置,以免乱找乱翻浪费时间。贝时璋从父亲那学到了生活有序的好习惯,并一直保持了一生。

现在的儿童多是独生子女。许多孩子在父母长辈的溺爱之中成长,生活方面的随意性和依赖性较强,有的甚至养成了许多不良的生活习惯。因此,做家长的有责任,而且有必要培养孩子良好的生活习惯。这些良好的生活习惯一旦养成,将使孩子终身受益。

第12章

让孩子理解生活文化，像普通人一样平凡、实际

威权应当不是由父母对子女的关系，而是由父母自身决定的。不过威权决不是一种特殊的才能，威权的根源只出一个地方：那就是父母的操行，包括行为的各方面——换句话说，就是包括父母两人的全部生活：他们的工作、思想、习惯、感觉和意图。

——(苏)马卡连柯《马卡连柯全集》

52

能成大器的人常常在小时候就知道节俭

我们人类在各种年龄阶段有各种不同的欲望,这不是我们的错处;我们的错处是在不能使得我们的欲望接受理智的规范与约束;这中间的区别不在有没有欲望,而在有没有管束欲望的能力与克制自己某种欲望的功夫。

——(英)洛克《教育漫话》

孩子,赤身裸体来到世界上,父母将他们养大,他们本质上一无所有。父母应让孩子从小就知道自己是贫乏的,在社会上是一个普通人,而不是富翁。只有这样,他们才能理解生活,理解别人,做一个平凡而实际的人。如果他心高气傲,不食人间烟火,不知人间冷暖,在将来的社会生活中必然会受到挫折。

研究人员调查指出,家庭收入特别丰厚的孩子并不像通常想像的那么愉快。过分的给予会使孩子认为获得是愉快的源泉,这种基于物质满足的愉快往往是暂时的,难以持久的,这样的孩子一旦遇到挫折,往往易导致失败。

SOHU 的 CEO 张朝阳说,在我的童年记忆里,我妈永远穿鸭蛋青的衬衫、蓝裤子。过年前,我妈埋头在缝纫机前给我们做新衣服,做完了说:又省下八块手工钱,买肉吃。爸爸给我一个存钱用的瓷兔子,我把一分两分的零钱全塞在里面,把钱攒满时,我弟弟把它摔碎了……

现在的许多孩子不懂得节俭,乱花钱、随便浪费的现象相当

严重。我们应教育孩子不要忘记古训:成由勤俭,败由奢。成功由勤劳节俭开始,失败因奢侈浪费所致,即使到了很富裕、很有钱的时候,这个朴素的真理也不会过时,何况我们是发展中国家。节俭是一个人的重要品质,很难想像,一个从小大手大脚随便浪费的人能创造一番事业,建设好家庭。

据说何厚铧的父亲何贤为了子女接受更好的教育,很早就为每一位子女出外留学准备了一笔钱,但钱不多,有一个限额。他并没有像有的父母那样,给出外读书的子女买车买房,而是注重培养子女独立生活的能力。子女临行前,何贤都会跟他们讲相同的一番话,大意是:钱就是这么多,你可以花完,也可以用这笔钱来完成学业,就看你自己的本事了。结果,子女们都不负所望,将这笔钱全部用在学业上。何家家教之严,由此可见一斑。

何厚铧年仅13岁便离家出洋,留学加拿大。他28岁便赶上家族危机,义无反顾地回到澳门打理摇摇欲坠的家族企业——大丰银行。31岁,他便投入到广阔的政治舞台参政议政,先被增补为全国政协委员,后来成为全国人民代表大会常务委员会委员、中华全国工商业联合会副主席,并参与起草了澳门特别行政区基本法。44岁,他便成为首任澳门特别行政区的行政长官。

孩子消费行为是由被动逐步走向主动的,从小学低年级开始,就应教孩子买东西,如何用钱,如何找钱,如何选择物有所值的物品。随着年级升高,要让孩子学会先认真思考再花钱,而且逐渐养成习惯,避免盲目消费。有些家长让孩子"一日当家"、"一周当家"、"记收支帐",是教孩子学会理财培养节俭品质的好方法。

贝时璋小时候,他的母亲从不给零花钱,常告诉他:"男孩子养成花钱的习惯不好,人穷不要紧,但要学会精打细算。在世界上做一世男人,扶老养小,要有责任感。"

孩子的零用钱多半是父母给的,目的是要让他们有机会学习自己管理金钱。但有些小孩会认为父母给零用钱是天经地义的事,所以最好不要孩子一伸手就给零用钱,应该视需求的必要性而定。当他们有花费需求时,一定要了解这些需求的原因,衡量有必要性再给，否则孩子若发现要零用钱是容易的事，便会养成好逸恶劳的个性。

教育孩子手里的零用钱、压岁钱应该计划使用，适当积累。必需的东西才买，把剩余的钱存起来。要让孩子明白，花钱必须有经济来源。每个人每个家庭的经济情况不同，花钱要看支付能力。

当然，培养孩子节俭的品质，首先应该从家长做起。家长从认识到行为，都应给孩子做出好榜样。节俭的美德是传家宝，在孩子身上应得到继承和发扬。

53

“穷人的孩子早懂事”

对待儿童应该诚实。要善于告诉他们：我们做父亲的，有些东西现在还不懂得，你们，孩子们，你到这个世界上来，是为了知道一切。

——(苏)高尔基《高尔基政论杂文集》

冰心自幼聪慧好学。十岁时，她便学了《论语》、《左传》、《唐诗》。祖父谢銮思见冰心很有出息，从心里感到欣慰。一天晚上，祖父对她讲起了贫寒的家世。

原来谢家先辈世居福建长乐横岭，清朝末年，冰心的曾祖父为灾患所迫，来到福州学裁缝谋生。一年春节，曾祖父去收工钱，因不识字被人赖了帐，两手空空地回家来。正等米下锅的曾祖母闻讯，一声不吭，含泪走了出去。等到曾祖父去找她时，她正要在

墙角的树上自缢,曾祖父救下了她,俩人抱头痛哭。他们立誓,将来如蒙天赐一个儿子,一定要让他读书识字,好替父亲记帐、要帐。他们得了个儿子,夫妻俩克勤克俭,终于让谢銮思成为谢家第一个读书人,而四个女儿却因家里贫穷不能读书。说到这里,祖父抚摸着小冰心的头说:“你是我们谢家第一个正式上学读书的女孩,你一定要好好地读啊!”小冰心张大眼睛,久久地望着祖父。那个夜晚,祖父那期盼的眼神,那语重心长的话语深深地烙进了她的心里。

对于我们周围大多数的家庭来说,孩子对于家庭的经济状况都是不了解的,未成年的孩子是否需要参与到家庭的经济问题中来,每个家长可能都有不同的想法,是不是与孩子谈及和金钱有关的话题对他们的成长不利呢?

很多家长之所以避讳和孩子谈家庭的经济问题,是觉得孩子太小、太单纯,正处在学知识的成长阶段,怕孩子为此过早地染上世俗的铜臭味,或者背上不必要的思想负担和压力,从而影响他们的健康成长。“经济问题是大人应该操心的事,苦自己不能苦孩子,小孩子只要把学习搞好就行了”成了不少家长的“口头禅”。

其实这种“谈钱色变”的避讳是多余的,甚至会产生一定的负作用。要知道金钱与每一个人的生活息息相关,想让思想活跃的孩子们完全与金钱隔离是根本不可能也不现实的事情。相反,正是这种不应有的避讳导致了教育的真空,反倒容易使错误的、盲目攀比的金钱观乘虚而入,占领了孩子们尚不成熟的头脑,以为家长的钱来得毫不费力,花起来自然是大手大脚。

既然孩子是家庭中的重要一员,那么不管家境到底如何,家长都应该对孩子实话实说,这才是最明智的。让孩子对家庭的经济状况有个真实的了解,参与到家庭的经济问题中来,真真正正地明白,家长的钱不是白来的,自己花起来必须珍惜和节俭,如果谁家中能拥有这样懂事的“小大人”,无疑是一件幸事。

天下有穷爸爸和富爸爸之分,就应该有穷孩子和富孩子之分。因此,当孩子已经有了一定的思辨能力以后,就应当让孩子了解家庭的经济状况。否则，就不可能培养起孩子应有的责任感。但现实生活中，有许多父母不愿意告诉孩子自己的家庭实际经济状况，于是就有了那些“穷汉养娇娃”的现象。

世界船王包玉刚对四个女儿说过：一个人有一双鞋就够了，这是他幼年在老家宁波受到的家训。包玉刚回忆说：“早年，每当我跑得太快的时候，我母亲总要给我说：‘当心你的鞋子’”。这家训既成了包玉刚稳妥赚钱的要诀，也成为他对女儿们的告诫。包玉刚的几个女婿，各有建树，但在家里却经常担当晚餐后洗碗的差使。

今天，也许是父母吃了过多的苦，因此总希望自己的孩子不要吃苦，于是很多父母宁肯苦了自己也不愿意苦了孩子，但这种舐犊之情应该有一定的限度。我们常说“穷人的孩子懂事早”，但现实中却有很多“穷”孩子很不体谅父母。报上曾报道过一对贫穷的农民父母，靠卖血供孩子念大学，而孩子却在大学里讲排场，和同学比阔气，最终也没能完成学业，到后来连自己的父母也不愿意见了。现实生活中这样的例子还很多。之所以会产生这些“寒门逆子”，作为父母们是有一定责任的。

作为父母可以为孩子提供自己能够提供的一切物质条件，但不应该认为自己是为孩子而过日子，而应该知道是和孩子在一起过日子，要让自己的孩子有一份应该承担的家庭责任，培养起孩子应有的责任感。

54

参加劳动，懂得自食其力

教育不仅应当发展人的理智，传授他一定范围的知识，还应该在他身上燃起对认真劳动的渴望。没有这种渴望，他的生活既不可能是可尊敬的，也不可能是幸福的。

——(俄)乌申斯基《劳动的心理和教育意义》

美国的“石油大王”约翰·戴维森·洛克菲勒，从小家教很严，靠给父亲做“雇工”挣零花钱。他清晨便到田里干农活，有时帮母亲挤牛奶。他有一个专用于记账的小本子，把自己的工作量化后，按每小时 0.37 美元记入账，尔后与父亲结算。这事他做得很认真，感到既神圣又趣味无穷。更有意味的是，洛克菲勒的第二代、第三代乃至第四代，都严格照此办理，并定期接受检查，否则，谁也别想得到一分钱的费用。洛克菲勒这样做并非家中一贫如洗，也不是父母有意苛待孩子，而是为了从小培养孩子勤劳节俭的美德和艰苦自立的品格。

在不少发达国家，对待在校学习的孩子，要求也是非常“刻薄”的。在日本，许多学生利用课余时间，在饭店洗碗，端盘子，在商店售货或照顾老人，做家教等，挣钱交学费零用。美国人一贯教育孩子自主自立，七八岁的小孩就成了“小生意人”，出售他们的“商品”挣钱零用。美国中学生有个口号：“要花钱自己挣。”每逢假期，他们就成了打工族，学习自食其力。

北京的一对年轻的父母带着刚上小学不久的女儿去逛街。在一个繁华的路口,有一位老爷爷正在卖《北京晚报》。父亲从口袋里掏出出4元钱交给女儿让她去买10份晚报。女儿买回晚报,父母一起跟她商量:按原价把晚报卖出去,看看我们能不能很快卖完。女儿在父母的支持下,费了不少时间才把10份晚报卖出去。然后,父母让小女儿去问卖报的老爷爷,一份报纸能赚多少钱。孩子从老爷爷那里知道,卖一份报纸只赚几分钱。她算了一笔帐,花了这么长时间才能挣几毛钱,而且费很多辛苦和口舌。“爸爸、妈妈,我以后可不能随便花钱了,挣钱太不容易了。”

这是一个真实的故事,那对年轻父母算是家庭教育的有心人。

父母要让孩子经常参加劳动,体会劳动的艰辛。让孩子懂得所吃、所穿、所用来之不易,都是人们用汗水和心血创造出来的,随意浪费是不珍惜劳动果实、不尊重劳动的表现。有条件的,可以带孩子去参观工厂、农村的生产劳动过程,参观书籍、报刊的印制过程。从小做好将来热爱劳动、自食其力的准备。

居里夫人对女儿有一种节制的、理智的爱,她对女儿生活上严加管束,要求她们“俭以养志”,她教育女儿说:“贫困固然不方便,但过富也不一定是好事。必须依靠自己的力量,谋求生活。”

一个人有无劳动的兴趣和习惯,将影响自己的一生。大量事实表明,不论知识水平、家庭背景、经济收入如何,种族肤色如何,凡是从小做家务、热爱劳动的人到了中年以后往往特别能干,工作成就大,生活也很美满。凡是从小就好吃懒做、不爱劳动的人,长大了多不能吃苦,独立自谋能力差,工作成就平平。因此,**望子成龙的父母从孩提起就应为孩子创造一种环境和条件,对孩子进行早期劳动训练,让孩子做力所能及的事情,让孩子生成一双勤劳的手,使其终身受益。**

55

教育孩子心中有他人

儿童的行为，出于天性，也因环境改变，所以孔融会让梨。

——(中)鲁迅《鲁迅论教育》

世界冠军刘翔小时候，每星期从体校回家他都会去看爷爷奶奶，都会用自己的薪水给老人买东西。爷爷说腰痛，刘翔就给他按摩一个多小时，直到大汗淋漓。奶奶病重时，他去医院陪夜，看到奶奶难受的样子，他在医院的电梯里就哭了。最近几年，世界冠军刘翔由于经常参加比赛，已经几个春节没和家人一起度过了。但一谈到家，谈到父母，刘翔就特别起劲，孙海平教练甚至在赛前用这个来为刘翔放松压力。

苏联当代教育家苏霍姆林，曾经这样叙述一位母亲的经历：村里有一个对女儿百依百顺的母亲，在自己心脏病十分严重的情况下，还挣扎着到学校打听女儿参加野游要带些什么。老师发现她病重，劝学生留下照顾母亲，但女儿却号啕大哭起来，不愿意失去野游的机会。苏霍姆林气愤地写道，这是一个悲剧。母亲没有把孩子培养成一个有起码道德品质的人，没有使孩子懂得她需要欢乐，母亲也应当有欢乐的权利，母亲照顾她，她也有义务照顾母亲。

一对年轻夫妇，生活十分节俭，但对其4岁的儿子却有求必应。一天，年轻的母亲带儿子外出玩耍，并为他买了一瓶近十元钱的饮料。儿子喝了几口不愿再喝了，口干舌燥的母亲刚拿起饮料送到嘴边，儿子就气冲冲地过来夺过瓶子摔到地上，并高声尖叫：

“这是我的,不准你喝。”看着饮料汩汩而出,年轻的母亲背过身去泪水止不住地流了下来……

报上常有登载,子女不愿赡养含辛茹苦把他们带大的父母,有的甚至把孤寡老母赶出门外,以乞讨为生……这令人心酸的一幕幕,让人想起对孩子教育的缺失。

如果一个孩子从小只知道接受别人的爱,不知道以同样的爱心去对待别人,长大后有可能成为一个铁石心肠的人,一个感情上的“白痴”。在他心中,没有做晚辈的孝敬,没有做长辈的慈爱,很难想像他会爱别人、关心别人。

这种悲剧的产生应该追溯到孩提时期。父母对孩子溺爱,宁可省吃俭用也要满足孩子的无理愿望。当孩子习惯于这种特殊待遇,对父母或旁人的这种牺牲精神就感到理所当然。他们不会感到良心上过不去,更不会去关心他人,而只知道蛮横无理,自私自利。

贝时璋母亲很疼爱贝时璋,但从不娇惯、溺爱他。过年时,家里才有机会买点肉,杀只鸡,改善生活。但这些鸡、肉母亲只有在来了客人时才端出来,让客人分享。母亲告诉贝时璋:“小孩子吃肉骨头,把肉留给客人吃!宁可我们自己吃得差一点,也要让客人吃好。只有我们尊重别人,别人才会尊重我们。这是礼貌。小孩子必须要有礼貌!”母亲教育贝时璋做人做事,自己也以一颗善良友好的心灵去对待街坊邻居,赢得了人们的尊重,这为贝时璋树立了良好的母亲形象。

在回忆自己生活之路时,贝老言语中充满了对自己父母的感激之情,他说自己是把母亲为人宽容厚道的精神作为自己的座右铭。

做父母的要从小培养孩子的爱心,让他们懂得付出,懂得在接受别人爱的同时去爱别人,爱社会。只有这样,父母对孩子的爱才能得到升华。

作为中国著名电视节目主持人的倪萍,她那充满爱心的形象令人难忘。当她从主持人转向影视舞台的时候,在电影《美丽的大脚》中的成功表演,再次给观众留下了同样美好的印象。在观众的

心目中，倪萍的艺术人生是勤勤恳恳、兢兢业业、行云流水，不事张扬的人生。

倪萍的成功既非偶然，也不是运气。当2002年的金秋十月，倪萍再次回到母校——青岛第三十九中学，谈到自己的成长时，倪萍动情地说："姥姥以她最质朴最善良的品质影响着我。而今我长大了，才知道这是多么宝贵的一笔财富。"

一年冬天，倪萍的姥姥家来了个要饭的，姥姥把饭放回锅里，在灶里烧一把柴草把饭热热，才给他吃。临出门，姥姥说让他喝碗热水再走。倪萍不解地问，为什么要对要饭的那么好？姥姥说，他们穿得少，吃了凉的就会更冷，肚子里有一口热水，有时抵得上一件棉袄。人哪能有不要脸面的？要饭也实在是没法儿。

倪萍说："没有多少文化的姥姥，改造了我身上许多弱点。"

倪萍五六岁的时候，跟着姥姥住在胶东的农村。胶东的农民特别讲面子，出门走亲戚，大人孩子都要穿得体面。如果谁家的孩子新衣服和比较好看的旧衣服都没有，就只好向邻居家借，倪萍的衣服几乎都被人借过。

一天，倪萍的妈妈给倪萍寄来一双小红皮鞋，倪萍高兴地举着鞋满院子跑，晚上睡觉前，把鞋摆在了炕里边的窗台上，刚躺下又忍不住爬起来再看看，不知看了多少回后才睡着。

第二天早晨，倪萍一觉醒来，发现窗台上那双小红皮鞋不见了，就光着脚跑到院子里。小红皮鞋已经被借给了邻居爱丽姐了。倪萍急了："我不嘛，这是我妈妈刚从青岛给我捎来的，我还没穿哪，我不给……呜—呜—"倪萍哭着，想立即去要回那双红皮鞋，但被姥姥严厉地制止了。

那天中午，倪萍赌气没有吃饭。后来爱丽姐把红皮鞋还回来了，但前后的红皮子都不见了，鞋子的原样已经没有了。倪萍病了，为了这双红皮鞋病的。姥姥自然心疼，姥姥一边抱着倪萍，一边给她讲道理："做人就要心眼好，人家就会记你一辈子，哪一家不是靠人家帮才能过好日子。人哪，就得心眼好，不管你做好事还是坏事，老天爷都能从天上看见……"

倪萍从没有见过姥姥这么认真、这么有耐心地反复讲这个道理。倪萍从姥姥的表情中揣摩出这席话有多么重要，于是，那一幕就永远地刻在倪萍的记忆里了。

倪萍从小就是在姥姥的这种最善良又是最朴素的品质影响下成长起来的。已成明星的倪萍，生活朴素，平易近人，并且经常帮助别人。当别人感谢她时，倪萍却想要感谢姥姥，她说："今天在我身上还存有一些质朴、美好的东西，也是那些曾经向我借衣服的乡亲给予的。"家长大多是普普通通的，不会有什么惊天动地的壮举感染或教育孩子。倪萍姥姥的教育方法不能算是科学教育孩子的一种什么模式，但她注意从小培养、引导孩子做一个善良的人，并且自己身体力行，这正是家庭教育最需要的，因为家长的人格力量是最重要的教育因素。

父母平常可让孩子了解父母工作的不易和生活的艰辛，让孩子理解他人，为他人分忧解愁。目的是培养孩子在享受他人关怀的同时，也关心他人。

中央电视台主持人崔永元说，70年代初，他刚开始上学，他父亲在团里做政委，部队上经常有家属来探亲，有时候没地方住，他母亲就把他们接到家里来住，给他们做饭。弄得崔永元他们兄弟姐妹都有一种做好事的冲动感，看见妈妈那样，他们也学着干：妈妈把热汤面端过去了，他们就把自己藏的苹果献给客人。

现在的孩子大多集万千宠爱于一身，往往自我意识很强。**我们并不强求孩子都要将自己的东西给别人，毫无保留的奉献给别人。但至少应该让孩子知道什么是分享，懂得与别人分享。**

今天，不少家庭当孩子愿为辛劳一天满脸倦意的父母做些家务时，父母总是说："去做功课吧，好好学习就是帮妈妈最大的忙。"他们这是片面地培养孩子，把孩子变成了"小学者"，似乎周围所有的人都应该帮助和关心孩子，而孩子的任务仅仅是学习。这样的孩子会很快习惯于家庭给予的一切。他们在家里没有任何义务，而有的仅仅是特权。因此，他们很容易滋长起自私、冷漠、无视他人的快乐与痛苦的思想。所以，家长要从转变观念做起。

56

早早学习今后立足于社会的本领

假如父母是有道德的，是家庭教育中的小心谨慎的保护人，假如导师是用了最大可能的小心选来的，具有优异的德行，这对青年人的道德的正确的训练，便是一大进展。

——(捷)夸美纽斯《大教学论》

李嘉诚是香港巨富，他非常注重培养孩子独立生活的能力，他希望孩子依靠自己的努力来学习今后立足于社会的本领。

李嘉诚在他的两个儿子李泽钜和李泽楷只有八、九岁时，就让他们参加董事会，一方面让孩子们列席旁听，另一方面让他们就某些问题来发表自己的见解。通过参加董事会，两个孩子不但学会了父亲以诚信取胜的生意经，他们分析问题和解决问题的能力也得到了提高。更重要的是，这段生活为他们今后在事业上的成功奠定了坚实的基础。

后来，两个孩子都以优异的成绩考上了美国斯坦福大学。毕业后，他们去了加拿大，一个搞地产开发，一个去了投资银行，成为加拿大商界出类拔萃的人物。

现在不少机关、企业在招聘人才时，高学历往往是一个首要条件，高学历的人也往往被人另眼相看。但事实上，学历高的人在单位作的贡献不一定就大。高学历的人固然是读了不少的书，掌握了大量的知识，但是，不能有效地把知识及时转化为能力，运用于解决实际问题，那么并不表明他是真正有才能、有能力的人。

相信比尔·盖茨的故事已是家喻户晓了,像他一样,许多成功者不全是从大学读出来的。我们不能简单地将知识等同于能力,让孩子有能力比有知识更重要。

曾有这样一个例子:一位学生在进哈佛商学院以前,曾经到一家公司面试,也许是面试时给对方留下了一个好印象,他马上被录用了,不巧同时,他也接到了哈佛商学院的录取通知书,经过反复权衡,他婉言谢绝了该公司的聘用,选择了去哈佛深造。而当他从哈佛拿到学位,又去这家公司应聘时,却被拒绝了,公司负责招聘的人事部长,竟在他的履历表上写下这么一句"来自哈佛的硬石头",然后就将之束之高阁了。同是两年前的他,同样对广告业抱着非凡的热情,竟然被看作石头一块,其原因只不过是他拒绝了该公司的聘用而在哈佛进修了两年!哈佛的文凭并不像人们想像的那样是张畅通无阻的通行证,同样也不是个人能力的保证书。

真正的能力,并不能从学校书本中得来,也不是靠文凭证明得了的。它需要从实践中获得。一个人从上小学到中学到大学,在学校度过10多年的光阴,如果他不能掌握实践能力,而只是在图书馆内死啃书本,不注意自己各方面能力的培养,个人的前途真有可能会被大学这东西吞噬。

第13章

不传授"王道"，让孩子做合格的、适应社会的人

教育者，教之育之使备人生处世不可少之条件而已。人不能舍此家庭绝此社会也，则亦教之育之，俾处家庭间社会间于己具有自立之能力，于人能为适宜之应付而已。

——(中)黄炎培《学校教育采用实用主义之商榷》

57

人首先要有自律意识，知道“自己是谁”

希望一些“有天赋的”、“才华出众”的儿童不要被父母娇惯坏了，因为这些做父母的很为自己的孩子感到骄傲，而忘记了应该让孩子的生活内容变得更加丰富多彩，不应成为孤芳自赏、自命不凡的人。

——(苏)克鲁普斯卡娅《克鲁普斯卡娅教育书简》

托尔斯泰说过，全世界都想改变别人，就是没有人想到改变自己。这句话发人深省……

不久前，某网站和《成长》杂志曾对2500多名中小学生做过一次有关理想的调查。其中在“才、权、钱、貌”四项选择中，希望当官“有权”的竟占了69%。许多天真可爱、涉世不深的孩子居然把“当官”作为终生理想，引人关注。

孩子的发展，不仅需要自强，也需要自律。自律在人的成长中占有重要的地位。

在一些发达国家，许多学校很少专门组织讨论理想、志向这类的话题，而是注重在日常生活中通过全面提高学生素养，激发起孩子在某一方面的兴趣、爱好，进而培养他们的理想，绝不会认为当官才是最好的职业。在我们国家，孩子想“当官”在一定程度上是受千百年来人们津津乐道的各种“王道”的影响：在他们看来，“当官”才能体现自己的圣明，才能真正实现人生的意义和抱负，所以是最好的职业，而其他的职业什么也不是。

如果每一个孩子都想当“官”，做“圣人”，长大后全民想当官，高人一等，那么就会暴露很多问题：漠视缺点，不讲公德，窝里斗，没有团队精神……曾经习得的许多优秀品质就会泡汤。这不是什么好事。作为父母，要让孩子明白一个道理：具备一个现代社会公民必须有的素质，做一个合格的普通人，就足以令人称道了！

19世纪70年代，在法国的瑟儿堡，有一户家财万贯的大资本家，家里有一个男孩，叫维克多·格林尼亚。由于家里有的是钱，父母对他又过分的娇生惯养，他要什么就给什么，他想干什么就让干什么，一切都任着他的性子来，使他从小养成了游手好闲、骄纵放肆的恶习，成了一个有名的“二流子”。他对学业压根儿就不感兴趣，整天盛气凌人，到处称王称霸，甚至小小年纪就发展到近于荒淫的地步。他家里有权有势，父母又宠着他，又有谁能奈何他呢？他继续那样生活下去，年纪越来越大了。

有一天，瑟儿堡的上流社会又举行盛大的午宴。维克多·格林尼亚自然是少不了的出场人物。他大模大样地前往参加。在这次宴会上，他又对一位姑娘的美貌着迷了，傲然走上前去邀请她跳舞。这一次，维克多·格林尼亚万万没有想到，那位姑娘断然拒绝了他，并对他流露出不屑一顾的神态。这对格林尼亚来说是有生以来的第一次。当时他感到非常狼狈和气恼，简直有点怒不可遏。可是当他打听到这位美丽的姑娘是从巴黎来的著名的波多丽女伯爵的时候，不禁吃了一惊，开始感到了自己的冒失鲁莽。格林尼亚于是走到波多丽女伯爵面前，向她表示歉意。格林尼亚又万万没有想到，波多丽女伯爵竟冷笑了一声，不屑地说：“算了，算了，请走远一点！我最讨厌被你这样的花花公子挡住了视线！”格林尼亚羞愧得无地自容，心灵深处受到了剧烈的刺痛，并认识到自己过去那种自以为得意的生活和作风是多么没有出息，多么被人看不起！

格林尼亚幡然悔悟，决心与过去决裂，鼓起勇气重走一条新路，把失去的一切追回来。他深感自己过去的浪荡生活与家乡瑟儿堡的恶劣环境有关，与自己优越的家庭条件有关，于是他决定离开瑟儿堡、离开家庭。格林尼亚离家出走时,给家里留下一封信:“请不要打听我的下落,让我刻苦努力地学习吧,我相信自己会创造出一些成绩来!”这时候,格林尼亚的父母终于明智起来了,他们忍痛让自己心爱的宝贝儿子离去,让他去走一条艰苦奋斗的新路,没有阻拦,也没有寻找。

8 年以后,格林尼亚由于以顽强奋发的精神埋头学习和研究,发现了后来以他的名字命名的格氏试剂,里昂大学破格授予他科学博士学位。此后的 4 年里,格林尼亚相继发表科学论文 200 篇,先后被里昂大学、南雪大学聘为教授。1912 年,他荣获诺贝尔化学奖。这时,他收到一封贺信,贺信只有一句话:“我永远敬爱你!”这是波多丽女伯爵在病中伏榻写给他的。这使格林尼亚对这位女伯爵当初的严厉训斥和现在的真挚鼓励都无限感激!格林尼亚更加奋发努力,一生之中著有科学论文 6000 多篇,对人类科学事业做出了巨大的贡献。

现在的父母往往把孩子的最大化发展放在首要位置,比如期望孩子取得优异的成绩、培养孩子的创造力等。家长只关注孩子的“分数”,而忽视了对孩子行为习惯的教育。一些孩子的成绩虽好,但其日常行为却不敢让人恭维,这与缺乏严格的家庭教育有直接关系。父母要培养孩子的自律能力,要把孩子的最大化发展与对他的严格要求相结合,把对孩子的严格要求与他们自己的行为体验相结合。

人的品质的发展过程是从“他律”到“自律”的,父母必须使对孩子的严格要求化为孩子内部的一种需要。这种需要的形成要求孩子有亲身体验,比如让孩子想想,买东西时为什么要排队?不排队会造成什么样的后果?**通过这种体验,使孩子懂得要想获得自己的利益必须尊重别人的利益,树立一种对等的权利义务观念。**

对孩子的严格要求,成人要以身作则。孩子是正在成长中的人,大人的一切言行都会成为孩子模仿和学习的榜样。因此家长要作出表率,引导孩子养成良好的日常行为习惯。

58

与别人合作，分享

一个人只靠自己是存在不下去的，因此人总乐于参加一个集体；即使他在那个集体里得不到休息，但无论如何他总可以得到心灵的平静与人身的安全。

——(德)歌德《歌德的格言和感想集》

有这样一个故事：

有一天，上帝对一名教士说："来，我带你去看看地狱。"他们进了一个房间，那里有许多人正在围着一只煮食的大锅坐着，他们眼睛直呆呆地望着大锅，又饿又失望。每个人手里都有一只汤勺，因为汤勺的柄太长，所以食物没法送到自己的嘴里。"来，现在我带你去看看天堂。"上帝又带着这名教士入另一个房间，这个房间跟上一个房间的情景一模一样，也有一大群人围着一只煮食的大锅坐着，他们的汤勺跟刚才那群人一样长。所不同是，这里的人又吃又喝，有说有笑。教士看完这个房间，奇怪地问上帝："为什么同样的情景，这个房间的人快乐，而那个房间的人却愁眉不展呢？"上帝微笑着说："难道你没有看到吗？这个房间里的人都学会喂对方，不是吗？"教士恍然大悟……

每个孩子都不希望自己生活在孤单和寂寞中，他们需要在活动中掌握如何和同学相处，如何分享和承担。作为家长就应该给他们提供条件，让他们在生活中、学习中学会分享才是最难忘和最有意义和价值的。

王选小时候，他的父亲要求儿子与小朋友一起玩耍时要和他们友好相处，要与别人分享快乐，要与人为善。王选说，当时父亲不是一味地让他读书，而是强调人品以及进行多方面的教育，经常让他参加户外的集体活动。这不但强健了他的体质，还培养了他与人和谐相处的合作精神，使他长期成为同学信任的学生干部，而这身份又促使他虚心接受别人批评、以身作则，更为别人着想和诚恳待人。这种人格的日臻完美使他成为很好的科技带头人，团结同事们一起工作，对以后的成功起了很重要的作用。

与人合作的能力已成为当今世界人才的重要素质之一。而一个人在童年时期若未能形成良好的道德、习惯和情感，待他长大成人后也很难弥补。

孩子对于能使大人同情的情境，也能表现出相同的反应。然而单单同情并不足以帮助他人，还应进一步学习理解别人。如“你看妹妹一个人玩都没有人陪她，如果姐姐能够教妹妹，相信妹妹一定会很开心的。”又如：“你瞧！妹妹还小，才会每次都把你辛辛苦苦搭好的积木弄倒，如果没有你的帮忙，妹妹是不容易做好的。”使孩子了解自己角色，进而逐渐学习与同伴分享及助人。

父母可以以具体事情说明可使孩子了解合作和分享，如果想吃什么、想得到什么东西，需要付出努力。如一个玩具、一个汉堡，是需要很多人互助合作、共同努力，才能够制做出这个产品，让许多人受惠。如果我们有能力可以帮助别人，让他们得到快乐，是一件很有意义的事。

现在的独生子女，接触的几乎都是大人，缺乏团体的经验。再加上一般孩子和大人在一起，大人多半会将就孩子，使得孩子日后不知道如何和友伴一起相处、共玩。所以父母应给予孩子和友伴在一起玩的机会，一方面学习独立、另一方面也可以培养互助合作的情操。

59

宽容，博爱，高风亮节

如果一个人从童年开始就具有这样的坚强信念，即：没有友谊，没有纯洁的灵魂，没有真诚的感情，没有真理，就不可能有真正的人生的欢乐，那么他一定会成为一个为灵魂美，为大家的幸福而斗争的战士。

——(苏)苏霍姆林斯基《关心孩子的成长》

孩子的天性是宽容的。因为成人社会经常向孩子灌输等级和差别的概念，经常把人分成三六九等看待，反而影响了孩子。教孩子学会宽容别人，理解别人，不仅帮助孩子建立了一套健康的与人交往的生命原则，还赋予了孩子一种生命智慧——换位思考的能力。

中国著名电视节目主持人崔永元说，他的父母非常善良。记得有个邻居，脾气非常古怪。她今天和你很好，明天就可能骂你，骂一些非常难听的话。甚至她儿子考试没考好而崔永元考好了，也会令她不满，乱骂一通。为此，崔永元的母亲常常唉声叹气，但从来不会去和她争辩一句。通常是过了两三天以后，那个阿姨又来找她聊天，就好像什么事也没发生过。父母的榜样使崔永元养成了善待他人、坦诚处世的好性格。但崔永元也有心情不舒畅的时候，跟同事也会有矛盾，但他有一个原则，有话当面说出来，决不会在背后鼓捣。对你有意见，什么事儿看不惯，直接告诉你。

在生活中，父母本身如果能够和邻居、朋友保持良好的人际关系、相处愉快，并经常邀请他们到家中来作客，在热情招待之余，孩子们自然也会感染到此种气氛，学习去照顾和关心别人，并间接培养出良好的人际关系。我们常常遇到一些问题，比如邻里、同事、朋友之间常常产生一些矛盾，也许邻里、朋友、同事的行为让你觉得有些受伤害。这个时候，我们就需要宽容，只有宽容，才能化解所有的矛盾，才能让生活更加幸福。

姚明小学一年级的班主任龚玲珍回忆说："当年他虽然个子很大，但性格很温顺，从来不凭借身高去欺负小同学，有时候甚至还被别的小学生欺负。那时我就告诉他，如果有人欺负你，你就跑来告诉我。"但姚明没有一次去找老师告状。姚明当年的老师倪静说，让人记忆最深的不是姚明的身高，而是这位学生的"敦厚"："班里组织去公园春游，那时条件没现在好，车里座位不够，总有人要站着，姚明自己从来不坐，把座位让给个子小的同学。"

现在的孩子多半是在呵护下成长的，在很多孩子眼里，只有他们自己，很少有人考虑别人的感受，更不会从别人的角度去考虑问题，往往一遇到身边的朋友、同学对自己有一丁点的伤害，就会锱铢必较，总是你给我"将一军"，我就给你"当头炮"，造成两败俱伤的局面。

其实，不宽容别人就是在难为自己，就是在包庇自身的弱点和偏执，这将影响生活质量、破坏生活幸福。一个成熟的人，就应该学会大气、学会宽容。我们要教育孩子学会宽容，用做人的大气点亮精彩的人生。

林则徐之所以能成为中国近代著名的民族英雄不是偶然的，这与他自小受到良好的家庭教育有直接关系。

林则徐的父亲林宾日是一名教员。他看到官府腐败，民不聊生，心情非常沉重。林则徐看在眼里，记在心上。

林宾日常说："九层之台，起于垒土；人品学问，需自幼奠基。"林宾日平时严格要求自己，在言行方面注意给独生子树立榜样。在日常生活中，林宾日很节俭，但亲朋、邻居有困难时，他却总是解囊相助。父亲经常告诫儿子："不妄与一事，不妄取一钱。"一次，

一个土豪用重金想走父亲的“后门”,为其保送文童,被父亲严辞拒绝。父亲说,花自己劳动挣的钱踏实,花不干不净的钱可耻。

父亲的言传身教在林则徐幼小的心灵里转化成终生受用的精神财富。后来,林则徐做了官,仍像他父亲一样清廉、耿直、作风正派,公正无私,了解民情、同情百姓疾苦,保持着不屑与贪官污吏、谗佞小人为伍的高风亮节。

人除了为自己生活外,还要有对他人的大度。当一个人有一颗仁慈、宽厚、博爱之心时,就有热忱、坦荡、无私的力量来面对世界上的事情。今天,全社会都欢迎彬彬有礼的“绅士淑女”,从小培养孩子良好的“风度”,他们会一生受用。

60

诚信:身教重于言教

小孩子既好模仿,做父母的一方面要以身作则,一方面还要替他选择环境以支配他的模仿。

——(中)陈鹤琴《陈鹤琴教育文集》(上卷)

邓亚萍在清华即将毕业的前夕。有一天,她找到语文老师请他帮助修改哲学课的总结。这份哲学总结足有四五千字,内容很充实,既有理论上的阐述,又能联系实际用哲学观点分析打球的战略战术。

几天后,语文老师把改过的文章给了她。又过了几天,语文老师在校园里遇到了她,邓亚萍一方面表示对语文老师的谢意,同时又很认真地对他说:“我把两份总结都交给了哲学老师,跟老师讲清楚了其中一份是我自己写的，另一份是请语文老师修改过的。”

一篇哲学文章，请语文老师修改，按理说修改后就可以当作自己的“原创”交上去了。语文老师绝不会去质问邓亚萍，为何不说明是经老师改过的；哲学老师更不会质疑她是否请人家修改过。一切显得那么自然。但是，邓亚萍竟把修改前后的两篇文章一齐交给了哲学老师，还如实说明了请语文老师做过修改。这就是诚实的邓亚萍！

惟有这样的诚实，才会有她的人格力量。试想，一个不诚实的人，怎么能成得了“邓亚萍”？

诚信是一个人立足于社会和事业发展的基石。为了让孩子将来在激烈的竞争中立于不败子地，我们应让孩子从小懂得要做一个讲诚信的人。

中央电视台“实话实说”节目主持人崔永元说，他们家曾经养了一只大花猫，一天早上，发现大花猫守着两条大黄花鱼自鸣得意。崔永元就把这事告诉了妈妈。全家人顺着脚印一查，知道黄花鱼是大花猫从屋后墙外的国营菜市场叼来的。崔永元他妈妈二话不说，就带着黄花鱼和崔永元直奔菜市场，说明情况后，把黄花鱼的钱付给了营业员。崔永元说，父母的教育印象最深的就是诚实，不能说谎，不能骗人，不能去占人家的便宜。

俗话说：“上代做给下代看。”父母作为孩子最亲近的人，是孩子效仿的第一榜样，在进行最直接的诚信教育的同时，更要以身作则，通过自己的言行来对孩子起示范作用。要求孩子做到的，父母自己要先做到。“身教重于言教”，与其跟孩子说一百遍的“守信用”，不如给他做一遍。

在描述德国人的性格特点时，“严谨、诚实、守信”是经常提到的字眼。德国的教育心理学家普遍认为，孩子在四五岁时是培养价值观和辨别是非能力的最重要时期。因此在德国的青少年教育体系里，家庭是道德教育的主要场所。德国的教育法中明确规定，家长有义务担当起教育孩子的职责。德国家庭里家长都非常注重

为孩子营造一个真诚的氛围。家长们普遍遵守这样一个原则:教育孩子诚实守信,家长必须做出榜样。

诚信是一种具有普遍意义的美德,世界各国均重视国民的诚信教育。

美国从幼儿园起就重视对孩子的诚信教育。在美国波士顿大学教育学院设计的基础教材中就突出了"诚信"的内容。其中一篇课文是一则古代中国的故事:国王要选继承人,于是发给每个孩子一粒花种,谁能种出最美的花就被选为未来的国王。绝大多数孩子都端着美丽的花来参选,只有一个孩子端着空花盆,最后他却被选中了。因为花种都被蒸过,根本不会发芽。教材中建议老师在班上组织讨论,向学生介绍"最大程度的诚实是最好的处世之道"这句谚语,并且要求学生制作"诚信"的标语,在教室里张贴。

人无信不立,诚信是一个人赖以生存和发展的基石,作为孩子的第一任老师——父母,更应该考虑如何对孩子进行诚信教育,让孩子伴随诚信健康成长。

父母要做有心人,为孩子创造愉悦的讲诚信的氛围,以感染孩子的心灵。平时给孩子讲诚信的故事,用故事的情节来感动孩子、激励孩子。与孩子共同阅读一些有关诚信的图书,收看、收听、讨论有关诚信的话题,让孩子多与人交往,在交往中感受诚信,思考诚信。这样孩子会在轻松愉悦的氛围中,受到启迪,讲诚信的意识也就会逐步培养起来。

培养孩子讲诚信,家长首先应该在尊重、信任孩子的基础上对孩子进行随机教育。孩子尽管年龄小,但他同样会体会到家长对他的尊重和信任。要知道从小受到尊重、信任的孩子,会更加懂得怎样去尊重、信任别人和怎样得到别人的信任。在孩子的成长过程中,家长发现自己的孩子说谎后,切忌不问青红皂白地厉声斥责,甚至罚孩子。父母应心平气和地说"你是不是说谎""我相信你会成为一个诚实的孩子"耐心启发孩子说出真话。

孩子的年龄特点决定了他的心理及行为与成人是不同的。我们做父母的要做好孩子成长道路上的向导,就必须了解孩子的心理特点,让孩子沐浴着“诚信”的和煦阳光,迈着平稳坚实的脚步,走向美好的未来。

61
遵守纪律、规则

每一个作父母的都应当有完全清楚的概念,应当了解自己在家庭里并不是毫无约束的主人,而只是集体中负有责任的长者。

——(苏)马卡连柯《马卡连柯全集》

守纪律是一种社会化的秩序与规则,在这样约定成俗的规矩中,每个人可以放心地了解什么样的行为可以让人接受,什么样的行为不可表现。成人可用道理去规范,而孩子需要一点一滴养成,逐渐内化为心中衡量道德勇气、是非对错的一把标尺。

不管是什么样的聚会或场合, 我们常笑言孩子带不带得出去,关键不在于孩子长得美不美、靓不靓,而是孩子出门后的表现,是否会破坏整个情境的气氛,弄得家长狼狈不堪。一个守纪律、有礼貌的孩子,远比一个长得漂亮但破坏性超强、翻桌倒椅的孩子让人期待再相见。当然所谓的“印象”就是众人给父母的教养用心的分数,守纪律绝非是要孩子坐不移身、笑不噤声的扭捏、刻板,而是要让孩子了解什么样的情境能有适当的行为表现。

很小的孩子不了解行为背后的道理,需要靠成人在生活经验中给予适当的规范,让其有序的去遵循学习。孩子很小的时候是一个人的秩序性成为固定行为的重要阶段,也是步入小社会建立人际互动的重要开始。所以,守纪律的培养是一个好习惯养成的

基础。掌握孩子本阶段的发展关键，将有助于孩子日后生活习惯的养成与建立人际关系的信心。

一般而言，一个守纪律的孩子，会少了许多的莽撞，在作息时间上，能随着团体的步调，而不会无端地阻碍别人的生活，尊重别人同样也得到相对的尊重；能够专注听叮咛，也能专心的守规则；行为上容易受到正面的肯定，做事也较容易让人放心。

道德的内化需要有阶段性的过程，当孩子在认知上还无法跟上行为的发展时，教孩子守纪律的美德，其实已经在为孩子日后的品德，培养一种自然而然的习惯。谁都不喜欢从说教中去了解生活应有的态度，所以想要孩子有守纪律的美德，家长可以运用技巧让孩子轻松的遵行。

在生活教育类图书里，常将有趣的人物或自然界中动物及昆虫间如何遵守纪律，以求和平共存的道理讲明白，孩子很容易从中了解，一个环境中物与物间的秩序关系。

不管是时事或是发生在身边的事实，我们常见到不守纪律后的惨况。小时侯为小恶、大了闯了祸，即便只是小时侯的穿越马路，长大后可能更耐不住性子，骑着摩托车横驰呼啸而过。所以，父母要善于用生活的机会教育孩子，时时警惕守纪律的重要。

当孩子表现出良好的纪律行为时，给予鼓励，是支持孩子持续此行为的好方法。孩子在一而再、再而三的反复执行中，养成了固持习惯与态度，就像一个不习惯随地丢垃圾的孩子，当其手上有一张小小的不干净的纸，怎样他都会找到垃圾筒才扔掉。

只要是对孩子好的正面行为习惯，不论在何种情境中，都不应有心存侥幸或随时都可弹性开放的心理，否则你将会发现孩子开的条件越来越多，越来越有无所谓的不在乎，到时要孩子再好好的回到应有的行为中，将要花加倍的力气。

父母都期待自己的孩子是一个守纪律、品德好的人。虽说国有国法、家有家规，但守纪律的目的，并不是在培养一个只习惯服从权威、说一不敢言二的孩子，而是让孩子能明白事理、懂得规矩，所以当孩子违反了纪律，应就事立即处理并说明清楚，让孩子及时纠正，而非只懂畏惧权威，到最后犯了什么错都不明白。

我们总以为许多的“纪律”只是在规范孩子的行为。然而在成人的世界里，所谓的纪律就是来自大环境给予的限制，垃圾不落地、酒后不开车、排队买东西等。在许多的行为教育中，我们的千篇法则中的第一则，就是希望家长随时莫忘自己“纪律”的执行、遵守，对孩子学习模式与态度有密不可分的因果关系。**大人以身作则就是孩子最珍贵的教材，守纪律的美德。**

62
乐意帮助别人才受人欢迎

活力、笑容、顽皮，这一切都是儿童的优点，决定着他们的性格力量，他的天真活泼，他的坚强意志和集体主义。

——（苏）马卡连柯《马卡连柯全集》

助人是源自内心、甘心情愿地去做，就像是心中的田，种下一颗希望的种子，等到果实累累时，只要想吃的人一伸手，就可以得到圆润的果实。所以，助人可以传播快乐、分担痛苦，我们可以告诉孩子，因为我们的付出，使别人快乐，自己会更快乐。

1989年的一个晚上，澳门的计程车司机因不满意电召计程车只能在港澳码头候客的规定，在大批香港旅客抵澳时进行罢驶行动。如此一来，近千名香港旅客滞留码头，而澳葡官员又都已下班，对出租车司机罢驶事件置之不理。现场群情激愤，鼓噪起来。在这关键时刻，一位身着西装，手持手机的魁梧男子和几位随行人员悄悄抵达码头——他就是何厚铧。他打量过四周乱成一片的

环境后，用手机调度了澳门新福利公共汽车公司的多辆小型巴士，通宵达旦地营业，将所有旅客疏散至市区各处，迅速化解了一场风波，得到了各方的好评。

何厚铧的父亲何贤，人称澳门“黄大仙”，乐善好施，没有架子，对需要帮助的人，无论是否相熟、是否相识，有求必应。他去世后，一位曾参加过何贤追悼仪式的人士回忆道，从没参加过这样的追悼仪式，前来鞠躬悼念的人士有西装革履的社会名流，也有穿着短裤、拖鞋的市井平民，三教九流，络绎不绝，万人空巷。可见何贤交友之广，助人之多，广结善缘。即使在何贤逝世多年之后，仍常有素不相识的人向何贤的家人致谢，感谢何贤生前救人一命，帮人渡过难关。父亲的这些乐善好施行为，对何厚铧起着潜移默化的作用，为人处事都能做到急人所难。

乐于帮助别人的孩子，肯定会受到同伴的欢迎。

王选1947年10岁时在南洋模范学校得奖。当时在评选获奖人员时，有好几个同学得到提名，而获奖名额只有一个，老师说要品德好，还要成绩好。在同学中他是最谦让礼貌，乐于助人的人，因此人缘极好，大家一致投票评上了他。

孩子的外在行为往往有很大的成分是受父母的影响，所以当要求孩子应该怎么做或不能做什么时，要先想想自己的行为是不是影响到孩子的价值判断，要孩子做到的事情，自己得先做到才有说服力。在孩子面前以身作则，才可能正确引导孩子的价值观。

许多父母常会因为怕麻烦，担心孩子会愈帮愈忙，把事弄得一团糟，于是大大小小的工作全揽在身上。若家中请了保姆，孩子更无理由做任何事，不但学习机会减少，协助、帮助人的示范也少了。父母应从自己家居生活着手，尽量找出孩子可以分担的工作，如擦擦桌子、放碗筷等，“玲玲好乖，会帮妈妈做家务，让妈妈轻松不少。”让孩子了解到他的付出和帮忙，对别人产生了帮助，并因此而产生成就感。

人生下来就有帮助他人的能力，而助人责在心意，而不是想帮助之后是否能得到补偿。所以，大人可以协助孩子制作各种卡片，或是写一张问候卡，用画与写的都可以，来表达对朋友、亲人的关怀，让孩子明白，他的爱和心意会让收到的人感到温暖。

平常，父母可以通过故事告诉孩子助人的美德，让他感受到助人的快乐。如：“在非洲有许多的儿童，他们的生活很贫穷，没有衣服穿、没有饭吃，但是常常会有许多人把大家捐出来的东西带到那里送给他们，他们看到了这些礼物之后，都特别高兴。”通过故事让孩子发现，施赠能使人觉得心情舒畅、快乐。

要鼓励孩子由自我中心走向社会化的分享并不容易，经常运用语言给予孩子积极的肯定与赞美，当孩子大方地将东西与友伴分享，或帮助他人时，父母就大声给予他鼓励与赞美，会使孩子觉得他所做的事情受到肯定，以后更乐意这样做。

63

电视上那些表现出众的名人都不是娇惯出来的

父母对于子女，应该健全的产生，尽力的教育，完全的解放。

——(中)鲁迅《鲁迅论教育》

严格教育对生活在优裕环境中的儿童尤为重要。人生要经过许多磨难，才能成就大事业。如果只会享福，不能受苦，这样的人将不能立足于社会，更不能为社会献身，为他人造福了。因为这样的人只能满足于自己的成功和幸福，心理永远不会成熟。

☞ **罗斯福**

美国第三十二届总统富兰克林·德拉诺·罗斯福是美国历史上惟一连任四届的总统。

他出身于富豪家庭，父亲学过法律，又经过商，很有钱。罗斯福的父亲和母亲相差26岁，当罗斯福出生时，父亲年龄已经很大了。罗斯福有一个同父异母的哥哥，可是很早就离家在外，罗斯福的降生给这个本来就十分幸福的家庭又带来了无比的欢乐。幼小的罗斯福成为父母关注的中心。然而，罗斯福的父母并不娇惯他。

小罗斯福游戏时总习惯于自己是赢家，为了教育他，有一次母子玩一种棋类游戏，母亲故意不让他，接连赢了儿子。小罗斯福生气了，母亲故意不去理他，并坚持让儿子道歉。结果，小罗斯福认输了。

罗斯福不满意母亲制定的严格作息制度，一次他提出了抗议，要求母亲给他"自由"。母亲认真地考虑了儿子的要求，允许他"自由"一天。到了晚上，6岁的儿子满身灰尘，一脸疲惫地回来了。这一天儿子去干什么了呢？母亲没有过问。

罗斯福的母亲知道尊重孩子，满足他的合理要求。严管不等于束缚，给孩子自由活动的时间，使孩子在无拘无束中松弛一下，尽情地享受童年的欢乐。

☞ **何厚铧**

何厚铧在澳门是尽人皆知的何氏家族的"五公子"，但他在父母的严格教育下，养成了"少说多做"的踏实作风。何厚铧生于名门望族，由于自小家教甚严，在他的身上没有娇生惯养的富家子弟习气。他的母亲陈琼，端庄得体，不怒而威，相夫教子，颇受人敬重。陈琼从小就教育孩子要勤俭助人，以礼待人，不要铺张浪费。虽家境富裕，但孩子们碗里的饭都要吃完，不许浪费粮食。孩子每有犯错，母亲绝不纵容。

☞ **赵小兰**

2001年1月29日，美参议院表决通过赵小兰为美国劳工部部长；2002年1月18日，纽约州州长柏德基宣布赵小兰的妹妹赵小美为纽约州消费者保护厅厅长，成为纽约州政府中职位最高的华人，令在美华人再次感到自豪和骄傲。

当赵小兰作为全美六大杰出妇女和全美十大杰出青年之一被提名为联邦政府劳工部长时，布什总统曾这样评价："她为这个职位带来一些众所周知并受人崇敬的品质：出色的管理才能、强烈的同情心和帮助他人生活得更好的决心。"纽约华人报纸评论她出任部长是美国华人的光荣。侨界对赵氏家族的家庭教育方式更是推崇备至，普遍认为赵家姐妹的成就在很大程度上归功于成功的家庭教育。赵小兰的父亲赵锡成毕业于上海交通大学，母亲朱木兰女士年轻时为了让孩子们学习好，甘心为孩子当好后勤，到了50多岁，才去读硕士学位。

赵小兰刚到美国时插班上三年级，一个英语单词也不会，每天上课时把黑板上的内容抄写下来，到晚上由劳累了一天的父亲给她译成中文，然后从字母教起。赵家把"知识就是力量"作为家训，教育孩子学习和做事。每天早晨上学都要赵小兰带妹妹赶学校的公车；在外花销，不论大小，回家都要报账。但父母又明确规定："只要是学习必须的东西，绝对不能省！"晚餐之后，赵家极少看电视，母亲陪着孩子一起读书。由于赵小兰的学习勤奋，1997年获哈佛大学商学院硕士学位。

赵小兰的父母支持孩子的个性爱好，使赵小兰的学业和各种才华都得到健康发展。她不仅能驰骋高尔夫球场、骑马场和溜冰场，而且还弹得一手好钢琴。

家里虽然有管家，但要求孩子自己洗衣服和整理房间。闲暇时，还要承担家务琐事。每天上学前，都要检查游泳池的设备，捞取脏物。周末，要把两英亩院子里的杂草拔掉。几个姐妹还自己动手一尺一寸地铺成了家门前120英尺的车道柏油路面。因为孩子们记住了母亲的话："家园！家园！这个园地是一家人的，每个人都有责任！"

每到星期天，午餐后，都举行一次家庭会议，让孩子说出自己的想法、收获，提出计划。假期总要安排一次全家旅游，行程中的一切事务都由孩子们负责。通过这些活动，培养孩子的民主意识和独立生存的能力。

美国媒体在谈及赵小兰的成功时也无不赞扬"赵小兰那种不卑不亢，带有适度的矜持与华裔尊容的气质，来自她那特殊的家庭教育"。赵家良好的家教闻名于美国政界和商界。与赵家交往甚密的老布什就曾经对太太芭芭拉说："应该向赵家学学如何管教孩子。"

第14章

帮助孩子在某个领域落地生根，有美好的未来

长者须是指导者协商者，却不该是命令者。不但不应该责幼者供奉自己；而且还须用全副精神，专为他们自己，养成他们有耐劳作的体力，纯洁高尚的道德，广博自由能容纳新潮流的精神，也就是能在世界新潮流中游泳，不被淹没的力量。

——(中)鲁迅《我们现在怎样做父亲》

64
化亲情为力量

幼稚教育只有爱才能收效，父母之对于幼稚子女，完全要用爱的热力去培植他。

——（中）孙铭勋《孙鹤琴教育文集》（上卷）

孩子的未来属于孩子，孩子的路是孩子走出来的！

孩子将在哪一个领域干自己的事业，这是孩子自己决定的事情。作为父母要做的是给孩子思路上的点拨，方法上的建议，精神上的支持！

感情亲疏决定了教育的成败。但是现在子女和父母的关系越来越淡薄了。家长说孩子不听话，孩子说家长对他们了解太少。亲情的缺失是孩子不能健康正常成长的一个重要原因。教育不仅仅局限于学校教育，家庭教育尤其是父母的言传身教是不可或缺的。如果父母长期不在子女身边，孩子将易因缺乏足够的家庭教育而形成心理缺陷。

一位家长说，他的孩子每次回到家只向他要钱，多余的话从不和他讲，他说他经常教育孩子应该好好学习，每次都给孩子足够的钱；自己工作很忙，没时间和他耐心交流过。所以，与孩子感情就慢慢淡化了。后来，这位家长经常抽时间带着孩子一起去亲近自然，拜望老人，去博物馆，和孩子开家庭聚会，不仅让孩子从中学到很多东西，而且拉近了家长和孩子的距离。

孩子的人生，是一条漫长而又崎岖的道路，沿途充满悲欢离

合，满布荆棘挫折，在孩子灰心彷徨之时，父母的关怀出现在他的身边，用关爱构筑一道无形的桥梁，有助他们的成长。

1975年，孔令辉在冰城哈尔滨出生。父亲孔祥智当时还是黑龙江省队的乒乓球运动员，常挥拍征战。母亲谷淑霞是一位教师。儿子的出世，为孔家夫妇带来了无限的幸福。在尽情品味为人父母的甜蜜时，他们还认真思考着儿子的教育问题。

孔令辉曾回忆说："在我眼里，我的家庭应该算比较幸福的。记得我小时候，父亲打过我两巴掌，具体是因为什么，我早就忘了，后来还是母亲告诉我的。当时我向父亲要一种玩具枪，而父亲怕我玩枪不小心伤了别的孩子，没有答应。我缠住他不放，他就打了我两巴掌。挨打之后，我哭了两个多小时。看着我伤心痛哭的样子，父亲心软了，骑着自行车带我去买回我要的玩具枪。"

受父亲的影响，孔令辉从小就养成了一丝不苟的作风。在感情上，孔令辉跟父母都挺贴心的。只是因为跟父亲是同行，他们之间的沟通比较多。

1991年，刚满16岁的孔令辉被选进国家队，孔祥智夫妇和孔令辉一样，高兴万分。他们写信给儿子，一面称赞儿子为未来的成功迈出了可喜的一步，一面教育儿子："进入强手如林的国家队，这是好事，但是，要实现自己的冠军梦，还必须抓紧时间锻炼技艺。"

2000年早春二月，哈尔滨还是一片冰天雪地。在一个泪雨飘飞的日子里，孔祥智的堂上老母不幸长辞人世，这对孔家打击十分沉重。这时，孔令辉正在备战马来西亚世乒赛。按理说，奶奶去世，本应让孔令辉回来奔丧，与奶奶见上最后一面。可是，孔祥智夫妇考虑再三，生怕影响了他的比赛成绩，于是决定暂时不通知他。就这样，一直等到孔令辉比赛结束，家里人才告诉他奶奶去世的消息。

从这些事上，孔令辉再次深深体会到父母对他的关爱以及对他事业的支持，激励着他在以后的训练中更加刻苦认真。

自从孔令辉进入国家队以后，孔祥智夫妇更加关注儿子的成长和进步。无论赛事大小,夫妇俩逢赛必看。尤其是孔祥智,作为长辈和教练,他对儿子在赛场上的每一局得失,甚至每一次挥拍,每一个动作,他都看得仔仔细细,然后在心底反复琢磨,认真总结,再在电话里与儿子说长论短。

当令辉打得出色夺得冠军时,他们就送去诚挚的祝福和问候;当令辉遇到失误,发挥不正常时,他们从来没有责备过他,而是安慰他,鼓励他。

在有一届奥运会上,男双决赛时,他和刘国梁输给了王励勤和阎森,心里特别难过。当他在电话里正想向父母诉说伤心的时候,母亲快人快语,首先开口,安慰他说:"反正是输给队友,不算什么。"父亲也鼓励他说:"双打输了,说不定单打会赢呢!"父母的话犹如润物细雨,孔令辉顿时感到心里热乎乎的,再次上场,他精神状态极好,信心倍增。孔令辉在这场比赛中,冲劲十足,颇有几分虎劲,气势逼人,越战越猛。在佩尔森打到6比1领先时,孔令辉丝毫没有丧失必胜的信心,最后争得了主动,连赢两局。在与老瓦的冠军之争中,果真如愿以偿,用孔令辉的话来说:"父亲的话还真灵,决赛中似有神助,一鼓作气战胜了瓦尔德内尔。"

悉尼奥运会上,身着红运动衣的中国队员孔令辉镇定自若,出现在能容纳5000名观众的悉尼国立体育场。孔令辉苦战五局,以3比2的成绩战胜瓦尔德内尔,获得悉尼奥运会乒乓球男单冠军,实现了"大满贯"。这时远在家乡的父母就坐在电视机旁收看儿子的战况,父亲孔祥智眼含热泪,激动地说:"小辉真是好样的!"

自从孔令辉出征奥运以来,父亲的心便一直与远在悉尼的儿子连在一起,同呼吸,共命运。

决赛刚刚结束,邻居和当地领导纷纷来到孔家表示祝贺。此时的孔祥智哽咽着半天说不出话来,倒是谷淑霞先表达了心声:"我们太激动了,太幸福了!小辉终于实现奥运男单冠军梦。这么多年,小辉终于如愿以偿了!"说着说着,忍不住流下眼泪。

孔祥智稳定一下情绪:"这枚金牌来之不易啊!我希望小辉能

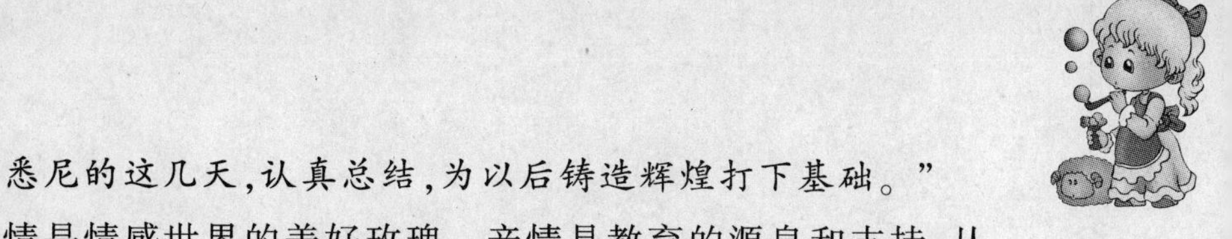

利用在悉尼的这几天，认真总结，为以后铸造辉煌打下基础。”

亲情是情感世界的美好玫瑰，亲情是教育的源泉和支持，从乞丐到总统，从达官贵人到贫民百姓，都是须臾不可少的精神财富，对成长、生活有难以替代的滋润和营养作用，就是灵性不高的动物也有这种本能。

然而，一个不争的事实就是，**过度竞争和过度的物质化导致部分学生的情感荒漠化，使一些家庭的关系变得越来越疏远，这对孩子的成长非常不利。作为教育不可缺少的一部分，亲情教育必须提倡。**

从父母的角度，不要光看孩子的成绩。如果父母一味地关注学习成绩，把学生看作学习机器，势必造成学生巨大的思想压力。很多家长对孩子讲：“你想要什么，爸爸给你买。”如果长期这样，孩子只知向家长要钱，而无感情可言了。重组家庭更要注意不要伤害孩子的心，这将深刻影响孩子的性格。人们常说，冬天最寒冷，继母最无情，所以重组家庭的家长更要关心孩子，了解孩子。

对孩子的教育，可利用家庭特有的沟通方式，营造温馨和谐的家庭氛围，使孩子在健康的环境中茁壮成长。比如说到节假日的时候，孩子放假休息，那么家长就可以和孩子举行一次家庭聚会，或者带着孩子到自己父母亲家去看望老人，以身教来培养孩子尊老的品德，同时还可以让孩子感受到家庭中浓浓的亲情。在寒暑假时，家长要尽力抽出时间陪陪孩子，让孩子们亲近一下大自然，一方面可以陶冶他们的情操，同时也可以激发他们热爱自然的感情。

家庭是社会的一个基本组成部分，亲情教育源于人类最基本的生存需要。它的成败，对个人历程有着至关重要的意义。

65

尊重孩子的意愿

虽然孩子是父母生命的延续，但是，他们更是他们自己。让你的孩子长成他们自己的样子吧！

——无名氏

1996 年，美国有一位身无分文的青年，他特别看好电子商务，并下决心在这个领域发展自己。那么资金的问题如何解决呢？他首先想到了父母，当时他父母有 30 万美元的养老金。当他向父母说明了他的用意后，他的父母只商量了一会儿，就把钱交给了儿子，并说道："我们对互联网不了解，更不知道什么是电子商务，但我们了解、相信你–我们的儿子！"这位青年就是当今个人财富达 105 亿美元、大名鼎鼎的亚马逊书店的首席执行官–贝索斯。

不能说贝索斯的成功完全归功于他的父母，但他父母所起到的作用确实非常重要。除了先期的资金支持外，更为重要的是他们对贝索斯的信任给贝索斯带来了无穷的精神力量。

为人父母，总是希望孩子成才，在激烈的学习、工作竞争中有一席之地，这都是人之常情。正是出于关心孩子，不少家长处处"戒备"，这也不行、那也过问，结果往往引起孩子的逆反心理，可谓事倍功半，甚至还起副作用。

巴甫洛夫是俄国生物学家。当年，巴甫洛夫打算放弃神学而学生理学时，父亲并没有因为儿子有违自己的初衷而斥责他。相反，父亲十分尊重他的兴趣与新的选择。

“你在教会学校毕了业再转学吧！”父亲建议说。

“我不能浪费时间了，爸爸，我有很多事情急需知道。”巴甫洛夫低声而肯定地回答。

“你急需知道些什么呢？”

“我特别想知道，人体的构造是怎样的。”

“你想当医生，是不是？”

“不是。”巴甫洛夫摇摇头。

“那你为什么要知道人体的构造呢？”

“为了帮助人。为了使人类变得更健康、聪明而又幸福。”巴甫洛夫热烈地回答。

“你很有胆量，你的想法更是勇敢。你能实现你的理想吗？”父亲关切地问。

“我已经下定决心了，爸爸，我会下苦功夫的。”

父亲明白儿子的话是经过深思熟虑的，于是立即站起来，高声说：“好吧，我祝你成功！”

一个穷教士家庭培养出了科学巨人！除了重视文化教育外，更重要的是尊重孩子的兴趣，因为“热爱才是最好的老师”。

父母要相信孩子能够分辨是非，在信任的基础上，融洽的关系就容易建立，开展持续健康的家庭教育就有很好的保障。

很多年前在美国的一所大学，有个学生突发奇想，决定退学创办一家软件公司，与他一起中止学业的还有他的一个同学。很多年过去了，这个异想天开的学生成了世界首富，他所创办的微软公司也成为拥有市值三千亿美元的上市公司。他就是大家所熟悉的比尔·盖茨。

现在大多数的家长对孩子不是不关心，而是关心太多，孩子参加高考，父母就要掉斤肉，诚惶诚恐。孩子填什么志愿，考哪所院校，选择什么专业，父母无不参与，更可笑的是父母总喜欢把自己的意愿强加给孩子。做父母的如此这般煞费苦心，孩子却未必领情。

该给孩子信任时且给信任。有些家长就比较聪明，管一阵子后便“由他去”，倒是收到意想不到的效果，孩子不但按家长说的做了，还会教别的孩子这样做呢。这是教育的艺术。

66
做父母要严格而通达事理

只有具有坚定的性格，知道自己想要什么，为什么想要和用什么来实现自己意志的人——只有这样的人才能教育出坚决的、精力充沛和性格坚强的人来。

——第斯多惠 引自《德国教师教育指南》

很多时候，由于父母过于主观而不能对孩子产生同理心，无法深入了解孩子，甚至误导孩子。做家长的要严格而通情达理，能设身处地地从孩子的角度看问题，像感受自己一样去感受对方的内心世界，能够从对方的处境来体察他的思想行为，了解对方的内心感受。

茅盾刚工作时，每有译文或文章发表，就像当年让母亲看作文一样，照例寄给母亲过目；茅盾与弟弟的通信都送给母亲看。这从一个侧面反映了茅盾母亲在儿子成年后也没放松对他们的关心、教育。茅盾母亲自己也是每日读书看报，善于接受新事物。她对子女的教育是严而有格，严而有度，并善于理解子女的思想和行为。其中有两件事很能说明问题：

茅盾祖父虽然很早为其订了亲，但待茅盾成年之后，父亲早已去世了。这件事使茅盾母亲大伤脑筋，考虑到不识字的媳妇与儿子太不相称，担心给儿子带来苦恼；退婚吧，又怕女方不肯。1917 年春节期间，母亲问茅盾："你有女朋友吗?"茅盾腼腆地说："没有。""真没有?"母亲又追问了一句。儿子点点头。这时，母亲

本来是想：如果儿子有了女朋友，执意要退婚的话，她就出面与女方交涉。得知儿子没有女朋友，她便接着说："我从前料想你出了校门后，不过当个小学教员，至多是中学教员，一个不识字的老婆也还相配；现在你进商务印书馆编译所不过半年，就受重视，今后大概一帆风顺，还要做许多事，这样，一个不识字的老婆就不相称了。所以我要问你，你如果一定不要，我只好托媒人去退亲，不过对方未必允许，说不定要打官司，那我就为难了。"因茅盾全神贯注在事业上，老婆识字不识字觉得无所谓，他不愿让母亲作难，况且娶过来后，或进学校，或由母亲教她识字，都无不可。为此，第二年，母亲就为儿子办了婚事。

1917年，泽民考取了河海工程专门学校。母亲很高兴，特地从家乡赶来上海，并与茅盾一起将泽民送到南京。在上海期间，她买了四大编的《西洋通史》和二卷本的《西史纪要》以及《东洋史要》《清史讲义》各两套，并将这些历史书籍分给泽民一套，嘱咐说："你将来要做工程师，但也不能不懂世界历史和中国历史。"说着脸上露出了欣慰的笑容。后来事情的发展起了变化。1920年，茅盾参加了共产主义小组，1921年茅盾介绍泽民加入了共产党。由于思想的变化和革命的需要，泽民想中止学业，专门研究政治，与张闻天等一同去日本。那时离毕业还不到半年，茅盾做了许多说服工作，希望他先完成学业，但无济于事。母亲看儿子主意已定，就同意了泽民的选择，并反过来做茅盾的工作："老二纠缠不休，况且我想，他既然对河海工程没有兴趣了，勉强读下去，也没有意思，我已经允许他退学，还让他过几天便到日本去半工半读。"母亲还担心儿子到日本半工半读分心，又感慨道："你们父亲遗嘱要你们学工程。如今倒好，老二学工程四年，文凭快要到手，又不肯学了。世界变化太大，你们父亲何曾料到。我如今这样干，你们父亲若死而有知，大概不会怪我的。"听母亲这样说，兄弟二人都安慰她。母亲却道："不用你们安慰，我想得开。你们走的路是对的。如果你们父亲不死，说不定他也是会走这条路的。"

茅盾兄弟能成为中国共产党的早期党员，茅盾能够成为一代文化伟人,与母亲的教育是分不开的。她不但是茅盾兄弟的严师慈母,也是我们家长的榜样。

父母与子女之间是在同理心的互动中来了解对方、感受对方的。但从孩子的角度来看,他们对父母的同理心不是天生具有的,而是在父母对他的同理心的过程中,伴随着年龄的增长及生活经验的积累逐渐形成的。其中,如果父母要让孩子同理父母,首先父母要同理孩子,同理孩子成长过程中所经历的一切,包括孩子的成就与错误、优点与缺点。父母给予孩子的同理心几乎就是孩子同理心产生的土壤。

有些父母习惯于从主观看孩子的行为,往往以自身的经验和感受来作判断,习惯以自身预设或假设的既定标准来要求孩子,很少接纳孩子的立场和看法,这样与孩子的沟通必然受阻,产生事与愿违的后果,具体表现为:

- 当孩子觉得父母不理解自己时,就会认为父母不关心自己,随之会感到失望、沮丧,对父母的信任度降低,向父母敞开心扉的愿望就会很快消失。
- 当父母不能真正同理孩子时,也就不能对孩子做出积极的回应,对孩子内心世界中需要得到引导和纠正的地方就不能产生建设性的帮助。

父母对孩子的同理心是开导孩子内在心智世界的钥匙,是与孩子有效沟通的基础,是教育产生效能的前提。**父母要尝试着从孩子的立场来了解孩子,与孩子产生同样的感受和体验,这是一种教育能力**。在两代人的沟通中,父母越有能力去清晰感受孩子的内心世界,就越能与孩子进行有效的沟通。

67
带着爱国心干事业

整个教育过程都贯穿着一条束缚人的枷锁，它能使人获得真正的自由。教育者的任务，就在于使义务感成为自觉纪律这个极其重要品质的核心，缺少了这种品质，教育就是不可想像的。

——(苏)苏霍姆林斯基《和青年校长的谈话》

王选是2002年国家最高科学技术奖获奖者。王选的父亲是个具有爱国热情和正义感的人，这些给王选留下了深刻的印象，也给他树立了人生的坐标。

考上了北大数学系的王选，在大三时面临专业的选择：数学、力学、计算数学。专业选择的正确对前途至关重要。当时，他想到身为造船专家的表姐夫选择了冷门专业后来取得的成就；想到越古老成熟、越完整严密的理论体系，越难取得新的突破；想到新兴的学科往往代表未来，越不成熟留给人们的创造空间就越大越广阔。

他查资料，看到钱学森一篇访苏文章，文章谈到苏联将计算机应用于航天工业上，同时中科院数学所胡世华教授谈数理逻辑时讲到计算机的神奇威力，谈到它的前景时说计算机以后甚至会控制整个世界。这使王选不仅神往好奇，更使他看到了国际潮流和国家需要。他认为，一个人如果将自己的工作与国家前途联系在一起，会起更大的作用。正因此，他的选择比别人早了一拍——成绩优异的他毅然选择了计算数学。

后来，从北京大学成立计算机科学技术研究所到激光照排成功，我国的印刷业告别铅字翻开了崭新的一页。王选仅专利就获得九项，他也因此获得许多荣誉和奖励。

爱国主义是中华民族的精神支柱。没有爱国主义，就没有中华民族过去、今天和未来。人们都会背诵“天下兴亡，匹夫有责”的名言，人们都会讲“精忠报国”的故事，爱国主义精神在大多数国民的心里扎了根。但是，**我们不能忘记，爱国主义精神要一代一代传下去，每位家长都有不可推卸的责任。**

有的家长认为，孩子的爱国精神与学习没什么关系，只要把学习抓好，爱国主义教育什么时候进行都可以，这种认识也是片面的。我们不妨想想，一个人不热爱自己的故乡，不热爱家乡的父老乡亲，不热爱养育自己的土地，不热爱自己的国家，他的身上是否缺少一种前进的动力？如果他只是为了得好分、受表扬、升大学、挣大钱而学习，能跟我们的时代与社会发展合拍吗？纵观历史，众多的志士仁人、科学家、艺术家、英雄模范，在他们的灵魂深处都有深厚的爱国主义情感，有远大的报国志向，如果不是这样，他们能成就一番事业吗？爱国主义精神促使人“弃燕雀之小志，慕鸿鹄而高翔”，只顾眼皮底下利益的人是达不到那种境地的。

当年，居里夫人教育孩子时要求他们必须热爱祖国。居里夫人除了教孩子们波兰语，还以自己致力于帮助祖国科学发展和波兰留学生的行动感染孩子伊伦娜和艾芙。尤使她的孩子们难忘的是：母亲以祖国波兰来命名首次发现的新元素“钋”所表现出的赤子之情。后来，她的孩子都成为对社会有用的人才，尤其是伊伦娜夫妇，不仅继承了居里夫妇的科学事业，也继承了他们的崇高品德。1940年他们把建造原子反应堆的专利权捐赠给了国家科学研究中心。

有的家长认为，进行爱国主义教育主要是学校的任务，这种想法是不妥的。学校对学生进行大量的爱国主义教育是毫无疑问的，如果家庭不积极配合，效果就不理想。因为家庭对孩子进行爱国主义教育有自身的优势。家长与孩子的亲缘关系有利于对孩子

进行情感熏陶，家长与孩子的共同生活有利于抓住各种教育契机。

爱国主义教育是有层次的，由近及远，由具体形象的情感熏陶到思想认识到道德情操，由爱国之心到报国之志。近些年出了许多进行爱国主义教育的书籍，报刊上也有许多爱国主义教育文章。应尽可能地利用起来，既增长知识，又提高思想境界，不但促进品德发展，也促进智力发展。

家长要站得高些，看得远些，不要狭隘、"近视"，心灵的付出，会获得心灵的收获。我们都是炎黄子孙，愿人人都有一颗爱国心。

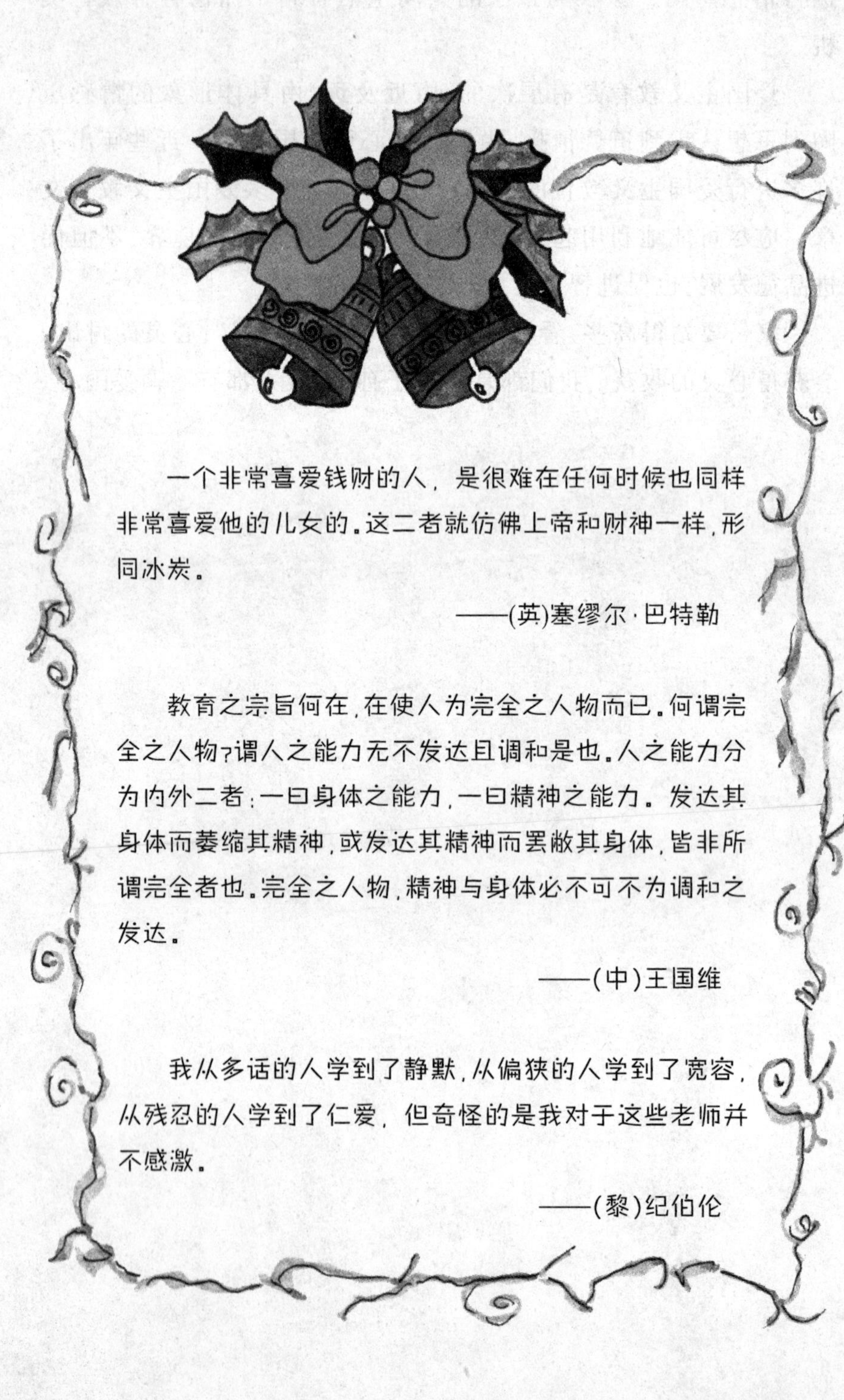

一个非常喜爱钱财的人，是很难在任何时候也同样非常喜爱他的儿女的。这二者就仿佛上帝和财神一样，形同冰炭。

——(英)塞缪尔·巴特勒

教育之宗旨何在，在使人为完全之人物而已。何谓完全之人物？谓人之能力无不发达且调和是也。人之能力分为内外二者：一曰身体之能力，一曰精神之能力。发达其身体而萎缩其精神，或发达其精神而罢敝其身体，皆非所谓完全者也。完全之人物，精神与身体必不可不为调和之发达。

——(中)王国维

我从多话的人学到了静默，从偏狭的人学到了宽容，从残忍的人学到了仁爱，但奇怪的是我对于这些老师并不感激。

——(黎)纪伯伦

第15章

不断给孩子向上的信念和力量，让他成长为独立、能坚持的人

把美德、善行推介给你的孩子们；能给人们带来幸福的只有它，而不是财富——这是我的经验之谈。在我陷于悲惨不幸的时候，使我鼓起勇气、保持信心的是美德，我之所以不曾自杀以了结自已，归功于她以及我的艺术。

——贝多芬　引自《贝多芬语录》

68
“松开孩子的手，让他自己爬台阶”

子女是即我非我的人，但即已分立，也便是人类中的人。因为即我，所以更应该尽教育的义务，教给他们自立的能力；因为非我，所以也应同时解放，全部为他们自己所有，成一个独立的人。

——(中)鲁迅《鲁迅论儿童教育和儿童文学》

教育就是给孩子锻炼及证明自己能力的机会。

来自父母的鼓励是一种无穷的力量。它情真意切，催人奋进。往往在给人信心的同时也会催生人的才能，创造人生的奇迹。

一个1周岁左右的小男孩，被年轻的妈妈牵着小手来到公园的广场前，要上有十几个阶梯的台阶了。小男孩却挣脱开妈妈的手，他要自己爬上去。他用胖胖的小手向上爬，他的妈妈也没有抱他上去的意思。当爬上两个台阶时，他就感到台阶很高，回头瞅一眼妈妈，妈妈没有伸手去扶他的意思，只是眼睛里充满了慈爱和鼓励。小男孩又抬头向上瞅了瞅，他放弃了让妈妈抱的想法，还是手脚并用小心地向上爬。他爬得很吃力，小屁股抬得老高，小脸蛋也累得通红，那身娃娃服也被弄得都是土，小手也脏乎乎的，但是他最终爬上去了。年轻的妈妈这才上前拍拍儿子身上的土，在那通红的小脸蛋上亲了一口。这个小男孩，就是后来成为美国第16届总统的林肯。他的母亲便是南希·汉克斯。

林肯的父亲是个农民，家境极为贫穷。林肯断断续续地接受正规教育的时间，加起来还不足1年。母亲南希在林肯9岁那年

不幸病故。但毫无疑问,她用坚定的信任抚养了林肯,使他勇敢而坚定地走向未来。

林肯从小就养成了热爱知识、追求学问、不畏艰难的好品质。他买不起纸和笔,就用木炭在木板上写字,用小木棍在地上练字。他抓紧一切时间看书学习,练习讲演。林肯失过业,做过工人,当过律师。他从 29 岁起,开始竞选议员和总统,前后尝试过 11 次,失败过 9 次。在他 51 岁那年,他终于问鼎白宫,并取得了辉煌的业绩,被马克思称之为“全世界的一位英雄”。

在对待什么是爱孩子和怎样去爱孩子这个问题上,中西方父母的做法是大相径庭。如一个刚学走路的小孩跌倒了,国内的父母会立即把他扶起来,而西方父母会鼓励他自己站起来。这两种做法的结局会是什么呢?那就是我国的小孩摔倒后就哇哇直哭,等待救援,而西方的小孩在获得一次经验后下次就会从容地站起来。

如今的孩子大都是独生子女,很少有吃苦和磨炼的机会。故心理脆弱、承受能力极差。一点小事他也许就会看得很严重,一点困难在他就是难于上青天,一点挫折于他都是很大的打击。这些也许是独生子女的通病吧,当然绝不能只怨他们,这也与做父母的教育方式有关。俗话说:温室里长不出参天大树,庭院里跑不出千里马。如果不寻找机会在孩子小时就对他们进行各种心志训练,那么心理一旦成型或形成定势就很难改变。

早年,在英国有许多贵族都会在青年时代投身航海——一项具有很大风险的事业。瑞士旅游刚开发时,某些登山者不幸遇难,瑞士政府发出危险警报,却没令英国旅客却步;相反,他们蜂拥而至,从而大大刺激了瑞士旅游业的发展。这样的民族,自然很希望孩子也加入到探险的行列。

孩子年龄小,可选择在他感兴趣的游乐中潜移默化地引导他。其中,带孩子去探险就是一种很好的做法。

探险,实际上就是为了让孩子变得勇敢与坚强。而这种品质,是当今日趋激烈的竞争社会所必备的。人的一生会有许多的挫折与厄运,没有哪一个人永远会一帆风顺。因此,我们需要勇敢地直面现实,需要在痛中坚强地走下去。这无疑是孩子最重要的课程,而且需及早开设。

带孩子去探险,只要这个险不是不计后果的冒险,而是有安全保障的、有挑战的冒险,一定是有利于孩子成长的。其实,在儿时的生活里有一些探险的经历会给人留下难忘的记忆,童年因探险更显精彩。带孩子去探险还可让他们学会健身、健心,身心健康发展,形成良好的心理素质,为今后的人生奠定良好的基础。

69

乐观,能始终看到事情的积极面

即使是普通孩子,只要教育得法,也会成为不平凡的人。

——爱尔维修

孩子乐观, 使他能始终看到事情的积极面, 期待更有利的结果。也许有些孩子天生就比较乐观,有些孩子则相反。但心理学家发现乐观思想是可以培养的,即使孩子天生不具备乐观的品性。

许多年前,一个10岁的男孩在拿坡里的一家工厂做工。他一直想当一个歌星。但是,他的第一位老师却说:“你不能唱歌,五音不全,你的歌简直就像是风在吹百叶窗一样。”回到家里后,他很伤心,并向他的母亲——一位贫穷的农妇哭诉这一切。母亲用手搂着他,轻轻地说:“孩子,其实你很有音乐才能……”听了母亲的话,孩子的心情好多了。后来,这个孩子成了那个时代著名的歌剧演唱家。他的名字叫恩瑞哥·卡罗素。当他回忆自己的成功之路时

这样说:“是母亲那句肯定的话,让我有了今天的成绩。”

要培养孩子乐观的品性,父母首先必须有乐观的思维方式。父母在处理自身问题和家庭问题时的乐观态度,对孩子具有重要的示范作用。孩子通过观察和模仿逐渐养成乐观品性。当孩子遇到不顺利的事情而悲观时,父母应带领孩子对问题进行多方面的思考和衡量,并让孩子明白他的悲观思想中存在的逻辑错误。

塞利格曼指出,父母批评孩子的方式正确与否,显著地影响着孩子日后性格的乐观和悲观。父母对孩子的批评应该恰如其分,不应把儿童几次错误夸大成永久性的行为。父母应该具体指出孩子的错误及犯错误的原因,使孩子明白自己所犯错误是可以改变的,并知道从何处着手改变。

给孩子向上的力量吧!孩子能因此树立自信心,不断发展能力,成为生活中的佼佼者。最终把成功和幸福掌握在自己的手里。

70

让孩子充满自信地生活

每天都要比昨日更好,更爱别人。要做良心赞誉的事,做父亲喜欢的事,使老师、兄弟以及其他人能爱你的事……每夜母亲吻我的时候,使我能对她说“今夜你吻的是一个比昨夜更高尚、更好的孩子”。

——(意)亚米契斯《爱的教育》

自信心,是人们自己相信自己,追求自我,实现自我价值的积极倾向,是人类健康的核心!自信的人坚信自己的力量和抉择。它相信自己完全有能力实现自己的人生目标,即使遭到困难挫折的阻挠,也初衷不改,勇往直前,直到实现自己的理想和目标。

☞ **克林顿**

美国总统克林顿也是母亲培养出来的一位成功者。在克林顿来到人间前3个月,他父亲去世。克林顿的母亲弗吉尼亚是上夜校成为一名护士的,她下决心要使儿子不但有个好职业,而且要晋升得很快。她一心扑在儿子身上,让克林顿到牛津上学,但是弗吉尼亚要求他每星期给她写一封信,并审查他结交的新朋友,叮嘱克林顿"永不停止学习,永远不要说做不到"。

☞ **希思**

英国前首相是由劳动家庭成为保守党首相的第一人。希思回忆个人成长史时说,是母亲伊迪丝向他灌输了信念——只要努力就能成功。伊迪丝是一个贵夫人的女佣,后来和一个木匠结了婚,她深信,她的儿子将来一定能解决当时的社会问题,出人头地。83岁的希思现在仍然对50年前逝世的母亲十分怀念,他深情地说:"当母亲逝世时,我身心交瘁,简直要垮掉,我几乎不知道如何生活下去。"

当孩子得到父母的肯定和支持时,他们的心理会得到极大的满足,精神上会受到激励和鼓舞。这样积极的内心体验,又进一步地增强孩子的上进心,并由此产生再进步的积极欲望。孩子的自信水平越高,"干劲"越大,做起事来也就越来越容易成功。

撒切尔夫人,一个出身平民的女子,成为英国历史上第一位女首相,而且连续三次当选。她在重大国际、国内问题上,思路清晰,观点鲜明,立场强硬,做事果断,在相当长的一段时间里影响了整个英国乃至欧洲,被誉为欧洲政坛上的"铁娘子"。

然而,撒切尔夫人绝非政治天才,她的性格、气质、兴趣等都深受父亲的影响,她的人生之路的成就都源于父亲培养起来的高度自信!

玛格丽特的父亲罗伯茨是一个鞋匠的儿子,通过自己的努力,开了一个小杂货店以维持生计。玛格丽特从小父亲就被要求帮忙做家务,10岁时就在杂货店站柜台。父亲给孩子安排的都是

力所能及的事情，他不让女儿说“我干不了”或“太难了”的话，借此培养孩子独立的能力。

玛格丽特很小的时候，罗伯茨就告诫她千万不要盲目迎合他人。

玛格丽特入学后，有一次，她发现她的同学在街上游玩。她心里痒痒的，回家对父亲说：“爸爸，我也想去玩。”罗伯茨说：“孩子，不是爸爸限制你的自由。而是你应该要有自己的判断力，有自己的思想。现在是你学习知识的大好时光，如果你想和一般人一样，沉迷于游乐，那样一定会一事无成。我相信你有自己的判断力，你自己做决定吧。”

父亲的一席话深深地印在了她的脑海里。她想：是啊，为什么我要学别人呢？我有很多自己的事要做呢。刚买回来的书我还没看完呢。

罗伯茨经常这样教育女儿要有主见，有自己的理想，特立独行、与众不同最能显示一个人的个性。随波逐流只能使个性的光辉淹没在芸芸众生之中。这样的家庭教育培养了玛格丽特高度的自信，独立不羁的个性使她常常有一种心理优越感。

玛格丽特所在的学校经常请人来校演讲，每次演讲结束，她总是第一个站起来大胆提问。不管她的问题是比较幼稚，还是比较尖锐，她总是充满好奇地脱口而出，而其他的女孩子则往往怯生生地不敢开口，她们只能面面相觑或抬眼望着天花板。

回家后，玛格丽特向父亲汇报学校的情况时，父亲总是鼓励她：“孩子，你有这样的信心，我真为你感到骄傲。你一定会成为一个出色的辩论家。”

父亲的不断鼓励使玛格丽特对自己的口才充满了自信。上中学的时候，玛格丽特是学校辩论俱乐部的成员，演讲从不怯场。但当时玛格丽特的演讲技巧一点也不高超，用她同学的话说是根本不能振奋人心，这自然不受同学欢迎。玛格丽特却毫不顾忌，一有机会就滔滔不绝上台演讲。有一次，因为她讲的内容大家不感兴趣，而且她又讲了很长时间，那时尽管台下时有嘘声，讽刺嘲笑随之而起，玛格丽特自信好强的个性却使她根本不把这些放在眼里，依然毫不脸红地演讲下去。

甚至到后来，听她演讲的人都跑光了，她却仍然坦然地把自己想讲的话讲完才停止。许多同学对她这种突出个性不理解，但她对别人的议论也毫不在意，一直维持着独立自信的个性。

自信心是一个人对自身力量的认识和充分估计，它是自我意识的重要组成部分。孩子常常看不到自己的能力，认为自己干什么都不行，总觉得不如别人，对自己力量的认识和可能达到的成就估计很肤浅，完全从属于别人的评价。

因此，做父母的要以肯定的语言评价孩子各方面的表现，切忌以怀疑或否定的语言对孩子说话，如"你看×××做得多好"，"你看×××穿的衣服多好看"等。这很容易使孩子怀疑自己的力量，对自己失去信心，从而导致孩子要向别人看齐，加重了孩子的从众心理。

父母要不断丰富孩子的知识，从各方面提高他的能力。要创造条件，使孩子有充分表现自己的机会。对于孩子的事情让他自己做，对他做的事情，要给予充分的肯定，增强他对自己的认识，从而相信自己的力量。

71

勉励孩子养成锲而不舍的精神

儿童的其他嗜欲应该小心地抑制，但是好奇心应该小心地加以鼓励。

——(英)洛克《教育漫话》

虽然兴趣的重要性无可怀疑，但是对于应试来说，孩子的意志品质却更重要。这道理很简单：考试的科目设置和题目安排是不考虑学生有没有兴趣的，考试不能从学生的兴趣出发，只能从

选拔的需要出发。而绝大多数学生很难对所有的考试科目都感兴趣。不感兴趣也要学下去,还要学好,这就只好靠意志了。

王羲之是中国古代著名的书法家,他的书法艺术造诣很高,被公认为“书圣”。王献之是王羲之的第七个儿子,自幼聪明好学。他七八岁时始学书法,师承父亲。

一天,小献之问母亲郗氏:“我只要再写上三年就行了吧?”妈妈摇摇头。“五年总行了吧?”妈妈又摇摇头。

献之急了,冲着妈妈说:“那您说究竟要多长时间?”“你要记住,写完院里这18缸水,你的字才会有筋有骨,有血有肉,才会站得直立得稳。”献之一回头,原来父亲站在了他的背后。王献之心中不服,又练习了,把一大堆写好的字给父亲看,希望听到几句表扬的话。谁知,王羲之一张张掀过,一个劲地摇头。掀到一个“大”字,父亲现出了较满意的表情,随手在“大”字下填了一个点,然后把字稿全部退还给献之。

小献之心中仍然不服,又将全部习字抱给母亲看,并说:“我又练了很长时间,并且是完全按照父亲的字样练的。您仔细看看,我和父亲的字还有什么不同?”母亲果然认真地看了3天,最后指着王羲之在“大”字下加的那个点儿,叹了口气说:“吾儿磨尽三缸水,惟有一点似羲之。”

献之听后泄气了,有气无力地说:“难啊!这样下去,啥时候才能有好结果呢?”母亲见他的骄气已经消尽了,就鼓励他说:“孩子,只要功夫深,就没有过不去的河、翻不过的山。你只要像这几年一样坚持不懈地练下去,就一定会达到目的的!”献之听完后深受感动,又锲而不舍地练下去。功夫不负有心人,献之练字用尽了18大缸水,在书法上突飞猛进。后来,王献之的字也到了力透纸背、炉火纯青的程度,他的字和王羲之的字并列,被人们称为“二王”。

那些考上重点中学和重点大学的学生,差不多都是在学习方面意志比较坚强的学生,他们能忍耐,能坚持,能控制自己的感情去做自己不感兴趣的事情。反之,很多学生十分聪明,学习成绩却不佳,或者严重偏科,他们的问题往往出在意志上。他们怕苦,他们任性，怕苦和任性是意志薄弱的典型表现。这就是人们通常说的“非智力因素”有问题，影响了孩子的学习成绩。

非智力因素包括许多方面，对于孩子来说，意志应该是一个重点。意志太重要了。意志薄弱对任何人都是致命的弱点，意志薄弱不只影响孩子的学习成绩，它还会影响孩子一生的发展。**杰出人物几乎都是意志非常坚强的人；而几乎所有违法犯罪者都是意志薄弱者，他们控制不了感情，抵挡不了诱惑。**

如今孩子的意志品质总体情况令人担忧，这是家庭教育失误造成的。对独生子女生活方面的溺爱和迁就，势必助长他们的任性和怕苦。过度保护和包办代替严重妨碍孩子意志品质的提高，因为意志本质上是自己管住自己，家长管得太多，他就没有机会学习自己管住自己了。家长对孩子学习上的过高要求也破坏了孩子意志，因为意志品质只能在压力较大而不算太大的情境中才能提高，压力过大会导致放弃，意志无法发挥作用。

72

“不满足是向上的车轮”

因为年龄增长，自由便应跟着来到；许多事情他都应该信托他自己的行动去应付，因为他不能永远受人监护；只有你给他良好原则与牢固习惯，才是最好的，最可靠的，所以也是最应该注重的。因为一切告诫与规则，无论如何反复叮咛，除非实行成了习惯，全是不中用的。

——(英)洛克《教育漫话》

北大的宗璞老师是一位毕业于清华大学外文系的著名女作家。她有短篇小说《红豆》、《弦上的梦》、《我是谁》、《鲁鲁》,中篇小说《三生石》,长篇小说《南渡记》以及许多美丽的童话作品。在她的作品中,蕴含着东方的传统道德和西方人文主义相结合的独特精神内涵,她是中国当今富于个性并有高度文化修养的学者型女作家,她的作品多次获得大奖并被选入各种选本和教材,还被翻译成多种文字。

宗璞的父亲冯友兰先生是已故北大教授、著名哲学家。宗璞上中学时,有一次跟同学们到滇池的海埂露营,她把对滇池的感受写了一篇散文,登在杂志上,这是她发表的第一篇作品,当时只有十五岁。后来报刊上经常有她的文章,人们开始称她为作家。当母亲告诉父亲说,女儿成为一个小作家了,父亲心里虽然很高兴,但却担心女儿学力不足。他后来在为《宗璞小说散文选》作佚序时谈到:“一个伟大的作家必需既有很高的聪明,又有过人的学力。杜甫说他自己‘读书破万卷,下笔如有神’。上一句说的是他的学力,下一句说的是他的聪明,二者都有,才能写出惊人诗篇。”

宗璞的父亲常常勉励女儿,人在名利途上要知足;在学问途上要知不足。在学问途上,聪明有余的人,认为一切得来容易,易于满足现状。靠学力的人则能知不足,不停于现状。学力越高,越能知不足。知不足就要读书。长期以来,读书已成为宗璞生活中不可或缺的内容。冯老还为宗璞写过一首龚定庵示儿诗。诗句是这样的:“虽然大器晚年成,卓荦全凭弱冠争。多识前言畜其德,莫抛心力贸才名。”冯老说写这首诗的用意,特别在最后一句。

不满足于现有的,不满足于已掌握的,才有科技的不断进步,才有人类文明的不断发展,才有理想的不断实现,才使得许多幻想不至于陷入空谈,才使许多新事物得以出现:火车、轮船、摩天大楼、手机、计算机、器官移植、心脏搭桥、原子弹、人造卫星……

如果你孩子觉得成绩不错,对现状相当满足,也没有想再提高的意图,那么请告诉他:不满足是向上的车轮。这车轮必能把人带到更美好的世界,引领你到更开阔的天地。

73

天行健，君子以自强不息

我们所需要的是儿童整个的身体和整个的心灵来到学校，并以更圆满发展的心灵和甚至更健全的身体离开学校。

——(美)杜威《杜威教育论著选》

今天，家长们都在以自强不息的精神求生存、求发展，无不希望自己的孩子具备自强不息的精神。孩子不自强，不能怪孩子，是我们的教育不当造成的。作为家长，如果包办、代替太多，孩子自主性就会被严重束缚。这些原因积以时日，孩子的独立意识就会越来越弱，自强就无从谈起。

熊倪在参加2000年奥运会之前，曾有过因失手而仅获银牌、铜牌的经历。当时18岁的熊倪，真正体会到了竞技运动的残酷。是自己天分不够吗?不是。是自己不够刻苦吗?也不是！他想，也许这就是他的命。他甚至不想再跳水了。此时，一直支持他的父母向他伸出了温暖的双手。母亲以默默无闻的关心表达她一如既往的爱，父亲告诉他："天行健，君子自强不息。"话虽短，却发人警醒。就是这句话，伴随熊倪走过了痛苦和失败，一直鼓励他登上1996年亚特兰大奥运会跳水金牌的领奖台。

奥运归来，荣誉与掌声都有了，熊倪还开办了自己的服饰公司，有人建议他急流勇退。但中国跳水的状况熊倪最清楚，2000年中国奥运金牌榜需要他的加入。然而，复出的困难是明摆着的。停训近一年，熊倪长胖了不少，要恢复状态，需要付出加倍的努力。

而且,复出面临着巨大的社会压力,如果比赛砸了,要面临"英雄变狗熊"的尴尬。关键时刻,又是他父母深明大义,帮他顶住种种压力,鼓励他再度为国争光。

重上跳板之路是异常艰苦的。熊倪的体质并不好,大运动量的训练使他几次体力透支,险些晕倒在游泳池里,但熊倪咬牙坚持了下来,在他心里,燃烧着熊熊的爱国之情,他只想早点恢复状态,捍卫中国跳水的荣誉。

回想起自己四次参加奥运会夺得3金1银1铜的历程,熊倪心中充满了对父母的感激,是他们鼓励他坚定不移地走自己热爱的跳水之路,教导他要有一拼到底、永不言败的精神。

周代典籍《易经》中就讲到:"天行健,君子以自强不息。"汉代典籍《礼记》中也讲到:"知困,然后能自强也。"我们的祖先历来强调,凡是有志气、有道德、有本领的人,必定是自强不息的人。几千年来,中华民族以自强不息的精神历经磨难、艰苦奋斗,创造了伟大的东方文明,屹立于世界民族之林。在无数优秀炎黄子孙的人生轨迹中,都鲜明地印刻着矢志不渝、刻苦勤奋、拼搏向上、自立自强的精神品质。我们的祖先历来告诫年轻人"少壮不努力,老大徒伤悲",即使对老年人也倡导"老骥伏枥,志在千里"和"不须扬鞭自奋蹄"的自强精神。

作为新时代的家长,可以结合故事将这些道理讲给孩子,并在生活中不断强化,让他们心领神会,真正成长为国家需要的一代强人!